문장으로 보는 유럽사

MONSHO GA KATARU YOROPPA SHI
by HAMAMOTO TAKASI

Copyright © 1998 HAMAMOTO Takasi
All rights reserved.

Originally published in Japan
by HAKUSUISHA PUBLISHING Co., Tokyo.
Korean translation rights arranged with
HAKUSUISHA PUBLISHING Co., Japan
through The SAKAI AGENCY and BOOKCOSMOS.

이 책의 한국어판 저작권은 (주)북코스모스와 사카이 에이전시를
통한 저작권사와의 독점 계약으로 한국어 판권을
도서출판 달과소가 독점합니다.
따라서 저작권법에 의해 한국 내에서 보호를 받는 저작물이므로
무단 전재와 무단 복제를 금합니다.

문장으로 보는
유럽사

하마모토 다카시 지음
박재현 옮김

달과소

문장으로 보는 유럽사

첫판 1쇄 펴낸날 2004년 10월 11일

지은이 | 하마모토 다카시
옮긴이 | 박재현
펴낸이 | 문종현
펴낸곳 | 도서출판 달과소
출판등록 | 2004년 1월 13일 제2004-6호
주소 | 411-380 경기도 고양시 일산구 장항동 730-1
         양우로데오시티 750호
전화 | 031_817_1342 **팩시밀리** | 031_817_1343
홈페이지 | www.dalgaso.co.kr
찍은곳 | 신우문화인쇄

ISBN 89- 91223-02-8

잘못된 책은 바꾸어 드립니다.
책값은 뒤표지에 표시되어 있습니다.

| 차 례 |

차 례

프롤로그 | 살아 있는 문장(紋章) 9

제1장 | 문장의 기원과 역사 17
    1. 문장의 기원 18
    2. 기사와 마상 창 시합 25
    3. 궁정 시인과 문장 33
    4. 문장관과 문장원의 성립 39
    5. 문장의 변천 46

제2장 | 문장학 입문 49
    1. 문장의 구성과 변천 50
    2. 문장의 색채 57
    3. 문장의 문양 61
    4. 문장의 상속과 가증문(加增紋) 68

제3장 | 주요 심벌과 모티브의 유래, 그리고 변천 77
    1. 심벌의 기원 78
    2. 독수리와 사자 81
    3. 장미와 백합 89
    4. 십자가와 열쇠 95

제4장 | 문장과 기로 보는 유럽사 101

    1. 문장과 봉건제도 102
    2. 신성 로마 제국과 문장 110
    3. 절대주의 시대의 문장 115
    4. 프랑스 혁명과 심벌 121
    5. 문장과 나폴레옹의 지배 125
    6. 문장에서 국기로 130
    7. 하켄크로이츠 135
    8. 정치에 농락당한 기 – 러시아와 그 주변국 141

제5장 | 공동체와 심벌 표식 147

    1. 하우스 마크와 직인표 148
    2. 길드와 문장 152
    3. 중세 도시의 문장 158
    4. 신심회, 정치 결사, 비밀 결사와 심벌 표식 162

제6장 | 차별과 심벌 173

    1. 황색은 유대 인 차별의 표시 174
    2. 매춘부의 꼬리표 183
    3. 처형과 심벌 189
    4. 하멜른의 '피리 부는 사나이'의 누더기 옷과 줄무늬 194
    5. 늑대인간과 마녀의 표시 198

에필로그 | 수직사회와 수평사회의 심벌 표식 205

지은이의 말 214

부록 | 역대 교황 연표, 유럽 왕조 연표 218

| 프롤로그 |

프롤로그

살아 있는 문장(紋章)

밤하늘에 빛나는 별은 사라지기 직전에 가장 빛나는 광채를 발산한다. 영웅 나폴레옹의 화려한 대관식은 이런 별의 최후를 담아내고 있다. 1804년 12월 2일, 노트르담 대성당에서 펼쳐진 대관식은 그 인생의 절정기를 장식했다. 화려한 자수가 수놓인 망토를 몸에 두른 주인공, 권위를 과시하는 황금 월계관, 독수리 왕홀, 십자보석, 훈장, 반지 등은 권력자가 누리는 영화의 한 단면을 보여준다.(그림1)

그림1 대관식의 나폴레옹

분명 나폴레옹은 프랑스 계몽주의의 전통을 계승하고 혁명의 세례를 받았지만, 스스로 세습제의 황제가 됨으로서 자유의 투사에서 지배자로의 변신을 공공연히 세상에 선언한 것이다. 교향곡 제3번 〈영웅〉을 나폴레옹에게 바친 베토벤이 황제가 된 나폴레옹의 변절에 격노했다는 일화가 말해주듯이, 대관식은 프랑스 혁명으로 인해 막을 내리려 했던 구체제로의 회귀를 상징한다. 동시에 대관식은 역사적인 의미에서 영웅 나폴레옹이 나아갈 몰락의 전조이기도 했다.

나폴레옹은 대관식에 앞서 자신의 문장을 제정함으로써 그의 정치적 자세를 여실히 보여준다. 이렇게 말할 수 있는 것은 문장이 바로 중세 기사나 절대주의 왕정의 심벌이기 때문이다. 대관식이 거행되기 약 6개월 전, 문장 선정의 임무를 위임받은 자들은 독수리, 사자, 코끼리, 수탉, 백합 등을 후보에 올리고 의논을 거듭한다. 그리고 나폴레옹은 독수리와 사자 중 어느 것을 문장으로 택할 것인지 마지막까지 고심한 끝에 마침내 독수리로 결정한다.(그림2)

나폴레옹이 문장이라는 심벌에 집착한 것도, 신성 로마 제국의 전통을 잇는 독수리 문장을 선택한 것도 고풍적인 결단이 아닐 수 없다. 드디어 대관식이 거행된 당일, 노트르담 대성당에 장식된 독수리 문장은 3일 뒤에는 군기에 그려져 군대에 수여되었다. 이렇게 독수리는 나폴레옹의 위엄을 과시하는 역할을 맡았다. 하지만 이후 독수리 문장은 그의 패배의 심벌이 되어 피와 눈물에 젖을 운명을 맞이한다. 그러나 독수리 문장은 나폴레옹이 세상을 떠난 후, 불사조처럼 되살아나 나폴레옹 3세에 의해 세습된다. 두말할 필요도 없이 그는 독수리 문장을 통해서 나폴레옹 신화를 통치에 이용하려고 했던 것이다.

그림2 나폴레옹의 문장

그림3 나치스의 심벌과 정치

또, 배경은 다르지만 나치스가 채용한 독수리 심벌도 하켄크로이츠 Hakenkreuz, 갈고랑이 십자 와 합쳐져, 국장(國章)으로서 그 정치적 역할을 다한다.(그림3) 날개를 펼친 독수리와 하켄크로이츠로 이루어진 국장은 베를린의 '총통 관저'의 입구에도 장식되었다. 이것은 게르만 신화를 상기시키며, 그 배경에는 민족주의를 자극하는 이데올로기적인 의도가 담겨 있었다.

이렇게 나치스는 일찍이 심벌에 내재되어 있는 신비로운 의미를 불러일으키고, 이것을 새로운 미디어 전략으로 끌어들이는 새로운 방법을 고안해 냈다. 특히, 나치스의 정치적인 선전에 일익을 도맡았던 하켄크로이츠는 배지, 기(旗), 각종 포스터에 그려져, 제전(祭典) 행사로 열리는 집회나 행진, 혹은 전쟁터에서 민중이나 병사를 크게 고무했다. 이렇듯 시각적인 심벌은 사람들을 무비판적으로 도취시켰고, 결국 독일을 파국으로 이끈 하나의 원인을 제공했다.

　이와 같은 사례는 이탈리아에서도 찾아볼 수 있다. 파시스트당을 결성한 무솔리니는 고대 로마의 파스케스 fasces, 권력을 의미하는 기호로 파시즘의 어원 를 당과 자신의 심벌로 이용했다. 이것은 도끼 손잡이 부분에 막대기 다발을 두른 것으로, 고대 로마에서 집정관의 권위를 나타내는 심벌 표식이었다.(그림4)

　권력을 장악한 무솔리니는 고대 로마 제국의 재현을 이 표식과 관련지었던 것으로, 그의 내각은 1943년 7월에 연합군의 진격에 의해 붕괴한다. 그러나 무솔리니는 재기를 꾀하고 독일군의 지원을 받아 이탈리아 북부에 신공화국을 수립한다. 그곳에서도 그는 심벌에 집착하고, 파스케스를 모티브로 한 문장과 기를 제작한다. 특히, 이때의 문장은 독일 나치스와의 연대 관계를 고려하여 독수리가 파스케스를 쥐고 있는 도안이었다. 그러나 신공화국은 곧 와해되고 이 문장과 기는 단명으로 끝나고 만다.

　이상의 예로 고대의 심벌이나 봉건 시대의 왕과 제후, 귀족의 잔상이라고 할 수 있는 문장이, 19세기에서 20세기를 거쳐 오면서 새로운 장식으로 바뀌었으나, 여전히 그 밑바닥에 정치나 통치의 심벌로서 생명을 유지해 왔음을 알 수 있다. 이러한 것들이 독재자의 정치적 야망과 결합하여, 무시무시한 권력을 발휘하는 광경은 마치 별이 사라지기 직전에 발하는 최후의 화려한 광채와도 같

그림4 파스케스의 문장화 예

다. 영웅이나 독재자는 역사의 규칙에 의해 무참하게 깨어질 운명이지만, 그들이 문장과 기 등의 심벌에 집착한 것은 이것들이 민중을 지배하기 위한 매혹적인 '최음제'이기 때문인지도 모른다. 그러나 민중에게 격세 유전을 한 심벌은 참상과 고통을 가져다준 '극약'에 불과했다.

그런데 문장은 과거의 유물이나 잔상으로, 단지 회고나 취미의 대상에 그치는 것이 아니다. 일단 유럽에 발을 들여놓으면, 문장은 지금도 탑이나 성문, 시청뿐 아니라 선술집의 간판, 가구 등에서도 쉽게 확인할 수 있다. 심지어 맥주나 와인의 상표, 수표, 공식 서류 등에도 사용되고 있다. 문장의 의미나 유래를 이해할 수 있다면, 유럽 여행이 훨씬 흥미로워질 것은 두말할 필요도 없다.

또, 각종 디자인의 로고나 스포츠 유니폼의 엠블렘과 문장과의 관계도 지적할 수 있다. 이처럼 문장은 현대의 상표, 각종 단체의 상징, 기호, 기(旗) 등으로 모습을 바꿔, 타인과 구별되고 아이덴티티를 형성하는 시각적인 수단으로 살아 숨쉬고 있다.

본디 문장은 군주나 귀족 계급의 권위를 과시하는 심벌이었고, 대대로 계승되어 군사, 정치, 사회, 미술사적으로도 밀접한 관계를 맺어 왔다. 또, 문장은 개인이나 가계뿐만 아니라 도시, 길드, 교회, 대학 등 공동체의 심벌로도 이용되었기에 오랜 역사를 가지고 있다. 요컨대, 문장이라는 작은 세계 안에 유럽의 역사를 탄생시킨 문화가 복합적으로 응축되어 있다고 해도 과언은 아니다. 분명 유럽에서는 문장학(紋章學)이라는 학문이 생기고, 문장에 관한 상당히 많은 책이 출판되어 있다.

그러나 문장과 유럽 문화사 간의 상관관계는 이제까지 계통적으로 연구된 바가 거의 없다. 따라서 이 책에서는 문장이라는 시각적인 상(像)이라는 단면에서, 특히 중세, 근대, 현대에 걸쳐 유럽사를 문화론적으로 살펴보고자 한다. 그러한 시점에서 유럽을 바라보면, 종래의 역사 기술에서는 찾아볼 수 없었던 부분에 초점이 맞춰지고 미학, 사회학, 정치학 등을 포괄한 심도 있는 역사의 세계를 생생하게 재현할 수 있을 것이다.

문장과 유럽사에 관하여 이야기할 때, 문장과 밀접한 관계에 있는 기(旗)도 빠뜨려서는 안 된다. 왜냐 하면, 문장의 형제라고 할 수 있는 기는, 특히 근대를 거쳐 현대에 이르면서 군사적, 정치적으로 문장보다 훨씬 더 큰 역할을 맡아 왔기 때문이다. 한 예로, 전쟁 때 사용된 기는 적을 위협하여 아군의 전의를 고무하는 동시에 군대의 결속을 강화하는 역할을 했다.

또, 공동체의 기는 연대(連帶)를 나타내는 심벌이기도 했다. 나아가 근대 국가가 성립하면서 각국은 국기를 제정하고, 이것을 주권이 미치는 범위를 나타내는 통치의 상징으로 삼았다. 기와 정치의 관계는 유니언 잭, 성조기, 삼색기, 프롤레타리아 혁명의 상징인 붉은 기, 낫과 망치를 곁들인 구소련기, 나치스 기 등이 역사상 이루어낸 역할을 생각하면 쉽게 짐작할 수 있다. 특히, 국기는 제국주의, 사회주의, 나치즘에 의해 국위를 떨치기 위한 수단으로 이용되었다. 하지만 기라는 심벌과 그 정치 지배와의 관계도 이제껏 충분히 검토되었다고는 할 수 없다.

따라서 이 책의 제목은 〈문장으로 보는 유럽사〉이지만, 여기에는 기라는 심벌과 정치사와의 관계도 함께 다루었다. 좀 더 시야를 확대해서 차별받는 사람들, 유대 인, 매춘부, 마녀, 사형 집행인, 범죄자 등을 한눈에 알아볼 수 있는 표식도 심벌로서 흥미로운 테마라 할 수 있다.

그것은 권위나 지배의 심벌로서의 문장이나 기와는 정반대의 위치에 놓여 있는 식자 능력이 없는 사람들에게 매우 유효한 시각적 수단의 역할을 맡았기 때문이다. 양자의 관계를 사회사적인 면에서 살펴보면, 지배와 피지배의 수직관계가 시각적으로 부각될 것이다. 게다가 이것은 유럽의 공동체 사회의 아이덴티티를 나타내며, 도시 문장이나 길드 문장과 교차 관계에 있다. 그런 의미에서 마지막 장에서는 '수직사회와 수평사회의 심벌 표식'을 다루었다.

그러면 유럽의 문장과 기가 엮어내는, 한없이 흥미로운 역사의 세계로 빠져보자.

제1장
문장의 기원과 역사

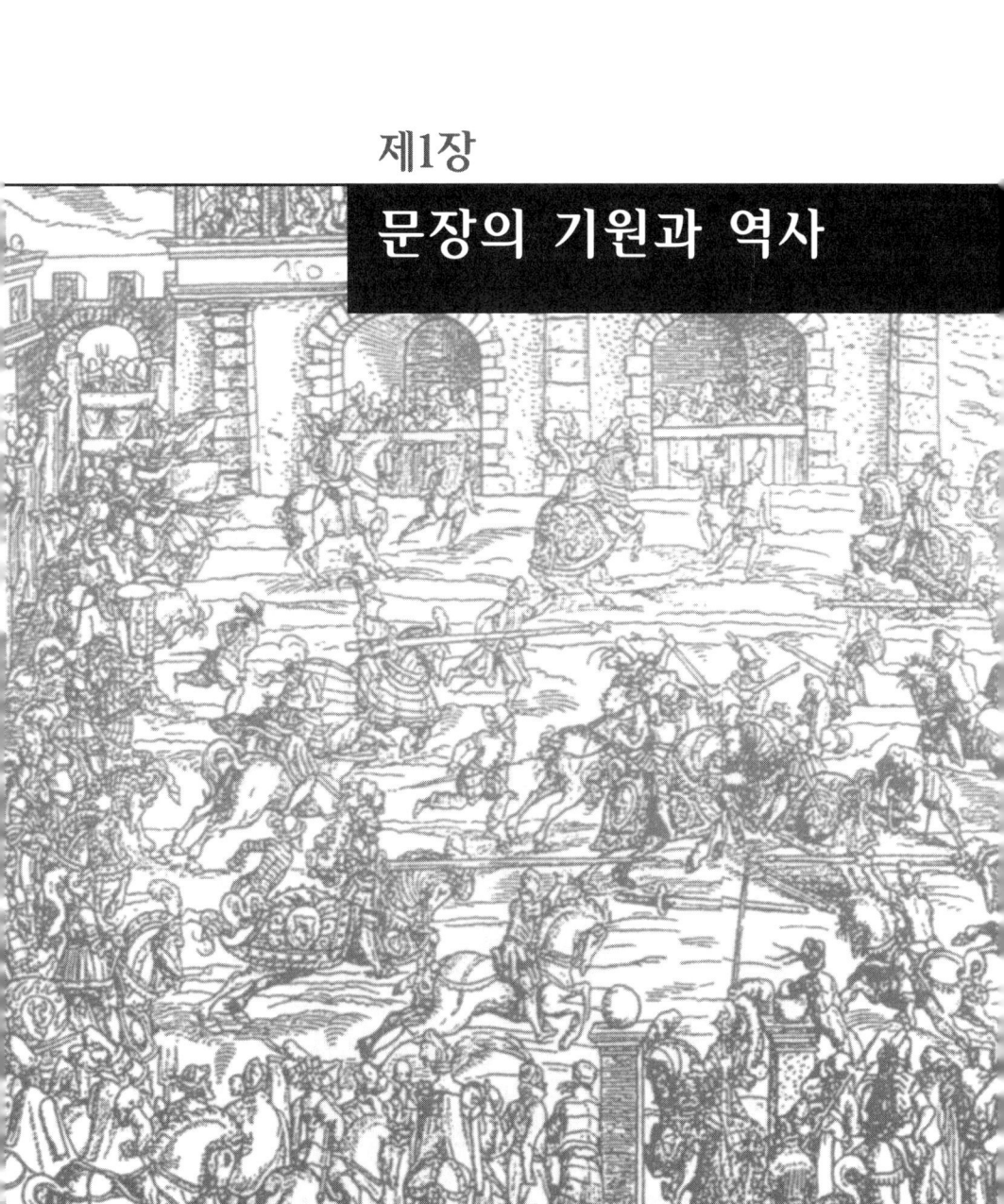

1 장
문장의 기원과 역사

1. 문장의 기원

유럽 문장의 직접적인 기원은 12세기경 기사가 얼굴까지 뒤덮는 투구를 착용하면서 시작되었다. 투구로 인해 시야가 좁아졌기 때문에 적군과 아군을 구별하는 데 표시가 필요했고, 그래서 방패에 문양을 그려 넣었다.

그 때문에 문장은 방패 모양을 하게 되었다. 영어, 독일어, 프랑스 어의 문장이란 단어(coat of arms, Wappen, armoiries)가 모두 무기(arms, Waffen, armes)에서 파생한 것임을 보더라도 문장과 전투는 밀접한 관계에 있음을 알 수 있다.(그림5)

초기의 문장은 기사의 취향에 따라 자의적으로 그려진 경우도 있었는데, 차츰 이것은 특정한 것으로 고정화되고 대대로 세습되었다. 이렇게 문장은 기사 개인이나 가계를 식별하는 표시에서 왕이나 귀족의 권위를 상징하는 심벌이 되었다.

문장의 기원을 둘러싸고 많은 설이 주장되어 왔는데, 그 기원은 고대 그리스 로마 시대의 전투 때 사용된, 방패에 그려진 문장(그림6)에까지 거슬러 올라간다. W. 레온하르트의 〈문장대감(紋

그림5 얼굴을 덮는 투구와 초기 문장(1180년경)

그림6 고대 그리스의 전투도(아킬레우스와 멤논)

章大鑑〉에 의하면, 고대 그리스 인은 얼굴을 방어하는 투구와 장식을 착용하고, 원형 방패에 구체적인 문양이나 추상적인 문양을 그려 넣었고, 로마 인은 각 군단마다 방패 문양을 결정했다고 한다.(그림7)

방패에는 방어라는 본래 기능 외에 위협과 악마를 쫓는 부적의 의미를 담아, 독수리나 사자 등 맹수의 문양을 그

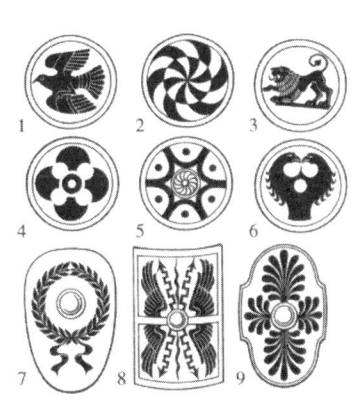

그림7 그리스(1-6)와 로마(7-9)의 방패

1장 | 문장의 기원과 역사　19

려 넣기도 했다. 분명 고대에도 이 같은 관습은 존재했다. 그러나 현대의 연구에서는, '계승되기 시작한 이후 것을 문장으로 본다'고 정의하고 있기 때문에 고대의 계승되지 않은 문장이나 심벌은 '전문장(前紋章)'으로 여겨 문장과는 구별하고 있다.

독일의 문장학에서는 타키투스의 묘사에도 있듯이, 게르만 인이 타원형이나 사각형의 방패 —나중에 원형 방패도 확인된다— 에 동물 문양이나 룬 문자 고대 게르만 문자 등을 그려 넣었던 것이 문장의 기원이라고 본다.

게르만 어의 어원으로는 문장관(紋章官)이 '신들이나 부족의 심벌에 정통한 사람'이라는 의미를 포함하고 있어, 게르만의 종교적인 행사의 심벌이나 룬 문자가 문장의 기원과 관계가 있다는 것이다. 이것은 〈문장학 핸드북(Wappenfibel Handbuch der heraldik)〉을 집필한 B. 게르나로 대표되는 설이지만, 현재는 근거가 없다는 이유로 부정하고 있다.

한편, 시대적으로 제1차 십자군 원정(1096~1099년)과 문장 발생의 시기가 거의 중복되고 있어 십자군 원정이 문장의 발생 기원이며, 그 발전에 큰 역할을 했다는 설도 있다. 이슬람교도들이 표식으로 이용한 문장에 영향을 받아, 십자군이 이 관행을 그대로 받아들였다는 것이다. 즉, 십자군은 각 지방과 각 나라의 사람들로 구성된 혼성 부대였기 때문에 개인, 지역 집단, 나라 등의 표시로 문장이나 기가 필요했던 것이다.

이와 같이, 유럽 문장의 간접적인 기원은 고대까지 거슬러 올라가기도, 십자군과 관계있다고도 한다. 그러나 프랑스의 문장학자 M. 파스투로는 앞에서 말한 문장의 기원을 둘러싼 모든 설을 부정하며, 문장의 탄생은 유럽 중세의 봉건 사회와 병기의 변천에 기인한다고 본다.

그런데 문장은 언제부터 대대로 계승되기 시작했을까. 이 문제에 관해서는 확실한 자료가 없어 간단히 밝혀낼 수 없다. 바이외 태피스트리에 그려진, 유명한 헤이스팅스 전투도(그림8)에 보이는 방패의 문양은 문장과 비슷한 것처럼 보이지만, 계승된 사실이 없어 '전문장'으로 분류된다.

분명 제 1차 십자군(1096~1099년) 원정 때는 아직 문장이 성립하지 않았다. 그러나 제 2차 십자군(1147~1149년) 원정 때부터는 문장이 계승되었다. 따라서 문장의 성립은 12세기 전후이다. 문장의 관습은 프랑스 북부나 독일 남서부,

바이외 태피스트리(Bayeux tapestry)
1080년. 프랑스 노르망디의 옛 도시 바이외에서 발견된 벽걸이로 8가지 털실로 수놓아져 있다. 11세기 후반에 바이외의 노트르담 대성당을 장식하려고 제작된 것으로 보이며 현재 바이외박물관에 소장되어 있다.

헤이스팅스 전투
1066년 10월 14일 잉글랜드에 상륙한 노르망디공(公) 군대와 잉글랜드의 해럴드 왕의 군대가 헤이스팅스에서 벌인 전투. 이 전투에서 해럴드 왕이 전사하자 잉글랜드 군이 항복했다.

그림8 바이외 태피스트리의 전투도(모사)

영국 등지의 기사들에게서 시작되어 급속하게 유럽 각지로 퍼져 나갔다. 확실하게 십자군이 문장의 기원이라고는 할 수 없지만, 문장의 전파에 큰 역할을 한 것은 부정할 수 없다.

제 3차 십자군 원정을 앞둔 1188년 1월 13일에 프랑스 왕 필리프 2세와 영국 왕 헨리 2세는 '프랑스 인은 적십자를, 영국인은 백십자를, 플랑드르 지금의 프랑스와 벨기에의 접경 지역 인은 녹십자를' 몸에 부착하기로 약속했다. 물론 십자군이 그려진 그림을 보면, 방패의 문양은 십자뿐 아니라 다양하다. 나중에 그려진 십자군 원정의 그림은 사실이 아니라는 점을 감안하더라도 모티브가 되었던 십자는, 십자군의 이념과 목적을 이루고 그리스교도의 아이덴티티를 형성하기 위한 멋진 심벌이었다. 따라서 십자군으로 참가한 기사들이 이 '숭고한 이념'과 '전공(戰功)'의 심벌을 문장으로서 자자손손 전하려고 했던 것도 쉽게 추측할 수 있다.

필리프 2세
프랑스 카페 왕조의 제7대 왕(재위 1180-1223)으로, 존엄왕이라 한다.

헨리 2세
영국 플랜태저넷 왕조의 제1대 왕(재위 1154-1189). 아버지는 프랑스 앙주백(伯) 플랜태저넷이며. 어머니는 헨리 1세의 딸이다.

유럽의 문장은 또한 기와 밀접한 관계를 가지며 발달해 왔다. 기에도 여러 종류가 있어, 베키시로이드라는 봉에 심벌이나 장식을 붙인 것, 그것에 프린지 fringe, 바탕천의 가장자리에 달아 장식하는 술 가 있는 깃발을 단 베키시람(그림9) 등은 이미 고대 이집트나 고대 로마 시대에도 찾아볼 수 있다.

그림9 고대 로마의 베키시로이드 (좌우)와 베키시람 (중간)

그림10 전장의 스탠더드(1532년)

또, 스탠더드라고 불리는 전장(戰場)용의 대형 표시(그림10)나 버너라고 불리는 사각형 혹은 세로로 긴 장방형의 전장용 조그만 기(그림11) 등도 있다. 특히, 문장과 밀접한 관계에 있는 것은 버너이다. 그 이유는 문장이란 개인을 식별하는 표시로 만들어진 것이기에 개인 기(旗)였던 버너에는 문장이나 그것과 동일한 모티브가 그려

그림11 버너를 가진 기사(1300년경)

1장 | 문장의 기원과 역사 23

지는 경우가 많았기 때문이다. 반대로 버너의 문양이 문장의 기원이 되었던 경우도 있다. 그림 11을 보더라도 문장과 버너의 상관관계를 충분히 이해할 수 있다. 게다가 문장은 버너뿐 아니라 마의(馬衣)나 투구 장식에도 이용되었다.

기와 마찬가지로 인장(印章)도 문장과 관련이 깊다. 독일에서 최초로 오토 3세가 흉상을 그려 넣은 왕위 인장을 997년에 사용했는데, 이 같은 인장은 권위의 표시인 동시에 조약이나 계약을 인증하는 것으로 주로 왕이나 제후, 귀족, 성직자들의 소유물이었다. 인장에 문장이 처음으로 그려진 것은 1131년이다. 이것은 문장의 성립 시기와 거의 같은 시기로, 그 상관관계를 암시하는 듯하다. 훗날의 사례이기는 하지만, 신성 로마 제국의 황제 지기스문트의 인장은 두 마리의 쌍두 독수리를 거느리고, 통치하는 여러 제국의 문장을 배치하고 있다.(그림12)

오토 3세
신성 로마 제국의 황제(재위 983-1002). 카를 대제의 열렬한 숭배자이고, 그리스도교를 기초로 하여 로마를 수도로 삼는 세계 제국의 실현을 뜻하였으나, 요절하여 성취하지 못했다.

지기스문트
신성 로마 제국의 황제(재위 1411-1437), 보헤미아 왕(재위 1419-1437).

따라서 문장은 방패뿐 아니라 인장의 모티브이기도 했다는 사실을 알 수 있다. 또, 인장의 관습은 12~13세기 이후부터는 도시 공동체나 길드에도 퍼져, 그것이 도시 문장과 길드 문장의 기원이 되기도 한다. 이처럼 인장의 모티브가 문장의 근간이 되었다는 역사적 사실도 있어 문장과 기, 인장 등의 이른바 심벌 표식은 상호 영향을 주고받으며 발달했다. 이렇

그림12 황제 지기스문트의 인장

게 12세기 이후 문장을 중심으로 한 '시각 문화'가 탄생했고, 이 문화의 주역은 말할 것도 없이 기사들이었다.

2. 기사와 마상 창 시합

유럽의 기사는 주군과 주종의 계약을 맺고 봉토를 받아 군무에 봉사했는데, 중세 초기의 기사는 신분 제도, 기사의 관례, 기사도 정신 등이 확립되지 않았기 때문에 무술이 뛰어난 자나 말을 키우고 전투 병기를 조달할 수 있는 자를 의미했다.

기사의 신분은, 독일에서는 12세기경 비자유민 신분이던 미니스테리알렌(Ministerialen)에서 탄생했으며, 프랑스에서는 하급 귀족인 슈발리에(chevalier)에서 탄생했다. 그 후, 기사 제도가 차츰 확립되어, 종기사라는 기사 견습생을 거쳐 기사로 임명되었다. 평화 시에는 일정한 예식에 따라 '기사 서임식'(그림13)이 성대하게 개최되었고, 전장에서는 간소하게 행해졌다.

이윽고 기사도 정신이 높이 찬양되면서 기사는 훌륭한 무용(武勇)이나 주군에 대한 충성심뿐 아니라, 귀부인들에 대한 헌신적인 '사랑', 그리스도교를 바탕에 둔 '성실'과 '관용' 등을 이상으로 삼게 되었다. 이 같은 기사도는 신분을 뛰어넘어, 왕후나 귀족의 정신적인 축이 되면서 기사라는 신분은 지배 계층인 왕이나 귀족도 포괄하는 사회적 신분이 되었다.

프랑스의 기사 서임식은, 서임식 전야에 문장을 교회의 제단

그림13 기사 서임식

에 올리는 관습이 생겨났다. 몸을 정갈하게 씻은 기사 견습생은 밤새도록 제단 앞에서 기도를 올렸다. 다음 날 아침, 서임할 기사는 엄숙하게 검을 몸에 두르고, 견습생의 머리와 목덜미를 맨손으로 두드린다. 이 사례에서도 알 수 있듯이, 기사 서임식은 교회와 관련이 깊은 의식이었다.

독일의 초기 서임식에 관한 기록은 불충분하여 명확하지는 않지만 J. 붐케의 〈중세의 기사 문화〉에 의하면, 앞에서 인용했던 프랑스의 '목덜미를 치는 의식', '목욕', '철야기도'의 세 가지가 독일의 기록에서도 확인되는 것은 14세기 초이다. 이 같은 서임식은 의례 그 자체가 중요한 것으로, 그림 13에 그려져 있듯이 방패의 문장도 기사의 신분의 심벌로서 검과 함께 신성시되었다. 마침내 기사의 신분이 고정화되어 대대로 세습되면서, 문장이 신분 계승의 증거로서 중요한 의미를 가지게 된다. 그 이유는 문장이 기사뿐만 아니라 왕이나 제후들에게도 가계의 특권을 계승했음을 나타내는 시각적인 심벌 중 하나였기 때문이다.

그런데 기사가 실제 전투에서만 문장을 사용했다면, 그렇게 융성하게 발전하지 않았을 것이다. 항상 전쟁이 있는 것이 아니기 때문에, 지나치게 한가했던 그들은 전장만이 아니라 평화 시에도 모의전(模擬戰)으로 훈련했다. 그 발상지는 역시 프랑스 북부로, 독일에서 이것이 처음으로 행해진 것은 1127년 8월 12일의 일이었다.

곧 모의전은 긴 창을 이용한 단독전이나 단체 마상 창 시합 – 토너먼트– 으로 제도화된다. 또, 창 시합뿐 아니라 곤봉이나 날이 무딘 검으로 하는 모의전과 기마전도 있었다. 그 외, 결투는 마상 창 시합과 유사하지만, 당사자끼리 승패를 결정한다는 의미에서 시합의 성격이 달랐다.

마상 창 시합은 궁정이 주최했는데, 이것은 당시 관중에게는 훌륭한 오락이었다. 평화 시의 기사에게는 군사 훈련이라는 의미뿐만 아니라, 자기의 존재를 알릴 절호의 기회였다. 역사학자 H. 플레티하(H. Pleticha)는 〈기사, 시민, 농민〉에서 독일의 마상 시합을 언급한다.

먼저, 단체 마상 창 시합에 앞서 단독전이 벌어지는데, 선도 역할을 맡은 종기사가 '어이, 마상 시합을 원하는 기사가 있는가. 그 자는 이 앞으로 나오라!' 고 말을 한다. 거기에 시합을 받아들일 자가 이름을 말하면, 종기사는 곧 전투 구역을 정하고, 그 주위를 구경꾼들이 둘러선다. 그러면 양쪽 기사는 말을 타고 방패와 창을 갖추고 돌진한다.

방패는 보통 나뭇결이 치밀한 박판(薄板)을 베니어합판처럼 종횡으로 교차해 붙이고 표면에 문장을 그려 넣었다. 또, 가죽을 덮거나 동으로 만든 박판을 붙이기도 했다. 물론 이것은 방어를 위한 충분한 강도뿐 아니라, 전투 능력을 떨어뜨리지 않는 가벼움도 요구되었다. 창은 약 3.7미터 정도의 목제(木製)로 그림 14처럼 창끝을 세 갈래로 갈라놓아, 안전을 위해 쉽게 부러지게 해 놓았다. ―초기에는 실전용 병기도 사용했었다― 따라서 시합 중에 여분의 창을 다수 준비해 두어야 했고, 기사 이야기 〈파르치발〉에서는 반나절 동안 백 개의 창을 썼다는 기록도 찾아볼 수 있다. 시합 때 노리는 공격 목표는 턱 아래와 방패의 손잡이를 고정하고 있는 4개의 못이 박혀 있는 부분이다. 특히, 전자는 초기의 투구가 가졌던 약점으로 창으로 상대편의

파르치발(Parzival)
독일 중세의 궁정 서사시인 볼프람 폰에센바흐가 쓴 대서사시. 프랑스의 크레티앵 드트루아의 〈성배 이야기〉를 바탕으로, 아서 왕 전설, 성배 전설, 자연아의 세 가지 주제를 융합한 웅대한 서사시. 독일 교양소설의 선구적 역할을 했다.

그림14 마상 창 시합

28 문장으로 보는 유럽사

목을 찌르면 현기증을 유발해 말에서 떨어뜨리는 효과가 있었다.

단체 마상 시합에는 부허트와 토너먼트가 있는데, 부허트는 갑옷과 투구를 착용하지 않고 오로지 마술(馬術) 솜씨를 겨루는 경기로, 독일에서는 12세기경 번성했다. 1184년에 독일 남서부의 마인츠에서 2만 명이 참가한 기사 마술 시합이 열렸다고 하지만, 이것은 약간 과장이 있는 듯하다. 토너먼트는 실전을 모사한 단체전으로,(그림15) 회화나 문학 작품의 소재가 되기에 충분한 화려한 쇼였다. 토너먼트에서 기사들은 귀부인이나 관중에게 자신의 존재를 쉽게 인식시키고 매력적으로 보이기 위해 때로는 화려한 색채의 장식 문장, 요컨대 투구 장식이나 마의(馬衣) 등을 이용했다. 관객의 입장에서도 투구로 가려져 얼굴을 확인할 수 없는 기사를 구별하기 위한 표시로 문장은 빠뜨릴 수 없는 것이었다. 또,

그림15 토너먼트 풍경

당시의 궁정은 화려하고 아름다운 기질을 아낌없이 칭찬했기 때문에, 기사들도 병기나 장비에 금을 붙이기도 했다. 이 같은 화려한 쇼가 문장의 유행에 큰 원인이 되었다.

토너먼트의 규모는 가지각색이었는데, 몇 백 명에 이르는 것도 있어서 구경꾼까지 포함하면 그 규모는 엄청났다. 주최자는 빈틈없는 준비를 하는데 일시, 장소, 출전자의 수, 시합의 조건 이를테면, 포로의 몸값 —실전을 모방하는 것이기 때문에 신분에 따라 액수가 정해져 있었다— 등을 공시했다. 대전 상대는 보통 제비뽑기로 결정되었다. 귀부인 관객은 아름답게 치장하고 꽃을 준비했다. 기사들은 공명심, 몸값, 상품, 귀부인을 향한 정신적인 사랑 등을 목표로 싸웠다.

시합을 맡아 진행하는 것은 사계(四季)를 뜻하는 문장관으로, 시합 전에 그들은 투구 쇼를 행하여, 출장하는 기사들의 문장이 규칙에 맞는가를 검증했다. 토너먼트는 청백으로 나누어 다투는 모의전이기 때문에 창과 검은 무딘 것으로 하고, 기사들은 보통 V자형 진형을 유지하고 창을 든 채 신호를 기다린다. 트럼펫과 북이 울리면, 문장관이 '기사들이여, 앞으로 돌진하라!'고 외치는 것으로 시합의 개시를 선포한다.(그림16)

지휘관의 통솔하에 양군이 뒤섞여 있는 곳에서 일대일 혹은 다수전도 벌어진다. 맨 처음 한 무리의 싸움이 끝난 뒤, 짧은 휴식을 가지며 전선의 정비가 이루어진다. 그 동안에 종자가 부러진 창을 정돈하고, 포로는 아질 Asyl, 안전지대 로 연행되며 부상자는 옮겨진다. 다시 새로운 싸움이 시작되고, 짧은 휴식을 가지는 방식이 반복되며 하루 종일 혹은 며칠에 걸쳐서 계속되기도 했다.

그림16 시합의 시작 신호를 하는 문장관

문장관의 트럼펫 신호로 시합은 끝나고, 가장 용감한 승리자가 표창을 받고 그에게 왕녀가 손을 내민다. 승리하면 기사로서 자긍심을 가지게 되고 귀부인에게도 찬양받기 때문에 그것만으로 충분히 다른 기사들의 귀감이 되었다. 하르트만 폰아우에의 〈에레크(Erec)〉나 영국 귀족 〈윌리엄 마샬전(Histoire de Guiilaume le Marechal)〉에는 영주가 용감한 기사를 사위로 삼거나 귀족의 딸과 결혼시켰던 사례가 그려지고 있지만, 실제로는 그럴 가능성이 낮았다.

승리자는 보통 패배자에게서 빼앗은 방패나 갑옷, 말 등을 전리품으로 손에 넣거나, 몸값이나 상금으로 사냥용의 매나 사냥개를 받는 경우

에레크(Erec)
사랑과 기사도 간의 갈등을 형상화한 작품으로, 1190년에 발표된 서사시. 원탁의 기사 에레크는 에니테와 결혼하는데, 결혼생활에 빠져 기사의 의무를 망각한다. 에레크는 에니테의 충고로 나태한 궁정 생활에서 벗어나 자신의 명예를 되찾기 위해 모험의 길을 떠난다. 에레크는 거인과 싸우다 기절하고, 에니테는 절망한 나머지 자살하려 한다. 그때 오린글레스 백작이 에니테를 자신의 성으로 데려가 아내로 맞으려 했으나 거절당한다. 정신을 차린 에레크는 오린글레스 백작을 죽이고, 거인의 성 브란디간에서 거인 마보나그린과 싸워 이겨 80명의 과부에게 자유를 선사한 후 아서 왕의 궁전으로 되돌아온다는 이야기.

가 많았다. 편력 기사 중에는 그것으로 충분한 생활을 누리는 자도 있었지만, 반대로 패배자는 명예를 잃을 뿐 아니라 경제적으로도 궁핍하고 비참한 생활을 할 수 밖에 없었다.

토너먼트 중에 부상자나 사망자가 나오는 일도 있었고, 또 여름철에는 투구에 태양열이나 열기가 모여 쓰러지는 자가 속출한 일도 있었다. 따라서 교회 등은 이 시합을 혐오스러운 행위로 간주하여 반대했다. 로마 교황 인노켄티우스 2세는 1130년에 금지령을 내렸고, 그 후 1139년, 1179년, 1193년에도 금지령을 내렸다. 금지령 중에는 시합에서 목숨을 잃은 자는 그리스도교 묘지에 매장되지 못한다는 명령도 포함되어 있었다. 그렇지만 모임의 인기는 절대적이어서 독일 남부 지방에서는 현재의 축구 서포터즈 같은 응원단도 있었다.(그림17)

독일의 황제 막시밀리안 1세처럼 토너먼트를 특히 좋아하는 인물도 나타난다. 이렇듯 기사도 정신이 높이 찬양되면서, 토너먼트는 16세기경까지 한 시대를 풍미하게 된다. 그 후, 토너먼트는 18~19세기

그림17 귀부인의 응원 풍경

에도 부활하여 유럽 각지에서 실시되었다.

막시밀리안 1세
신성 로마 제국의 황제 겸 독일의 왕(재위 1493-1519). 인문주의의 학자나 문인을 보호 장려하고 기사도 정신에 넘쳐, 독일 최후의 기사라 불렸다.

3. 궁정 시인과 문장

기사도 문화의 유포에는 12~13세기에 등장한 궁정 서정시인이 큰 역할을 맡았다. 그 기원은 프랑스 남부의 프로방스 지방의 음유시인(Troubadours)들이었다. 이것이 독일에 유입되어 미네젱거(Minnesyonger)의 가인(歌人)을 탄생시켰고, 초기 독일 문학의 황금기를 만들어냈다. 이들의 출신이 모두 기사라고 할 수는 없지만, 기사도 상당수 포함되어 있었다.

일찍이 궁정을 두루 다녔던 까닭인지 기사도가 시가(詩歌)의 중심 테마로 다루어졌다. 시가에서는 신분이 높은 여성을 이상화하여 숭배하고, 숭고한 사랑을 바치고, 그를 위한 간난신고를 견디며 도리를 다하려는 기사의 모습을 찬미했다. 당시 기사는 종자, 종기사, 기사라는 신분으로 나뉘어져 있었기 때문에, 정식 기사가 되기 위해서는 편력의 수행이 필요했다. 각 지역을 편력하며, 인격을 닦고 형성하는 전통은 나중에 독일의 교양 소설로도 이어진다.

미네젱거의 가인으로는 하인리히 폰벨데케, 하르트만 폰아우에, 볼프람 폰에셴바흐, 발터 폰데어포겔바이데 등이 유명하다. 단, 그들의 출신에 대한 자료가 부족하여 상세한 것은 알 수 없지만, 현재 이름이 남아 있는 대부분은 귀족 출신이며 여기에는 기사도 있었다.

발터 폰데어포겔바이데는 오스트리아 태생의 귀족으로 추정되는데, 빈의 궁정, 슈바벤공 필리프, 마이센 변경백, 오토 4세, 프리드리히 2세 등의 객인이 되어 기사 가인으로서 각지를 편력했다. 아마도 장남이 아니었기 때문에 편력을 주저하지 않았을 것이다. 또, 그는 가인으로서 궁정에 기식(寄食)하는 과정에서, 기혼 귀부인에게 사랑을 이끌어내는 관념적인 '드높은 미네젱거'에서 남녀의 연애가 따르는 '낮은 미네젱거'로 옮겨간다.

당시 미네젱거의 가인과 그들의 문장은, 12세기 말부터 14세기 초에 걸쳐 만들어진 〈마네세의 가요사본집(Kellers Novelle vor dem Hintergrund des Codex Manesse), 하이델베르크 대학 소장〉〉에 컬러로 선명하게 그려져 있다. 여기에는 미네젱거의 가인들의 135개의 문장과 10개의 투구 장식이 수록되어 있어, 당시의 우아하고 아름다운 기사의 세계를 엿볼 수 있다.

폰데어포겔바이데의 사본에는 투구, 문장, 검 등이 그려져 있어 그가 기사였다는 사실을 알 수 있다. 게다가 그의 문장은 포겔바이데와 관계있는 초록색의 독수리(Vogel)가 그려져 있고, 붉은 천에 세로선이 그어진 사각 틀은 새장을 나타낸다. 이것은 투구 장식에도 사용되었다.(그림18)

또, 매사냥에 능했던 베르나 폰토이펜의 투구

슈바벤공 필리프
황제 하인리히 6세가 1197년 9월에 죽었을 때, 그의 상속자 프리드리히 2세는 너무 나이가 어려서 호엔슈타우펜 가문을 지지하는 독일의 제후들은 프리드리히의 삼촌인 슈바벤공 필리프를 1198년 3월 독일 왕으로 선출했다. 그러나 반대파에 의해 그해 6월 폐위되고, 오토 4세가 즉위했다.

변경백(Markgraf, 마르크그라프)
변경 방위라는 임무의 성격상 많은 권한이 허용되어 일반 행정 지방관인 지방백(Graf, 그라프)보다 지위가 높아 공(公)의 지위와 비슷했다.

오토 4세
신성 로마 제국 호엔슈타우펜 왕조의 황제(재위 1198-1215).

프리드리히 2세
신성 로마 제국 호엔슈타우펜 왕조의 황제(재위 1215-1250). 하인리히 6세의 아들로, 어머니 콘스탄츠의 고국인 시칠리아 왕국의 수도 팔레르모의 궁정에서 교황 인노켄티우스 3세의 후견하에 자랐다. 외국어에 능통하여 학예를 보호했으며, 스스로도 시인이었다.

그림18 폰데어포겔바이데와 문장

그림19 폰토이펜과 문장

장식의 문장도(그림19)를 보면, 그가 매를 든 여성을 친절하게 에스코트하며 나란히 말을 타고 가는 모습을 볼 수 있다. 매사냥은 중세 제후와 귀족이 가장 좋아했던 스포츠였고, 매 문장에는 철저하게 목표물을 획득한다는 의도가 담겨져 있다. 마찬가지로 그림 20은 사랑을 바친 기사에게 여성이 투구를 씌워주고 있는 모습이 그려져 있으며, 기사의 상의에는 A(Amor)라는 사랑을 나타내는 이니셜이 도안화되어 기사도 정신의 정수를 보여주고 있다.

그림 21은 폴란드령 슐레지엔 브레슬라우의 대공 하인리히 4세를 그렸다는 문장도(紋章圖)이다. 그가 가진 방패에는 금빛 천에 검은 독수리가 그려져 있고, 그 안에 흰색의 초승달이 곁들여 있다. 독수리는 본디 신성 로마 제국의 문장으로, 하인리히 4세는 신성 로마

1장 | 문장의 기원과 역사 35

그림20 기사와 사랑을 바치는 여성

그림21 화관으로 축복받는 승리자

제국과 직접적인 연관 관계가 없기 때문에 이 독수리 문장은 다른 기원을 가지고 있을 것이다. 독수리 문장은 1180년에 브레슬라우 1세가 인장에 그려 넣은 것에서 유래한다. 어찌되었든 하인리히 4세는 화려한 모습으로 미네젱거의 풍습에 따라, 귀부인에게 장미꽃 화관을 받고 있다. 그가 탄 말에는 독수리 문장과 AMOR의 문자

대공(大公, Erzherzog)
유력자를 의미하는 헤르초크(Herzog)라는 말에 최고라는 에르츠(erz)라는 존칭을 붙인 용어로, 중세에서는 선제후와 동등한 계급을 가리킬 때 사용했다. 원래는 메로빙거 왕조의 제국왕(諸國王)에 의해 임명된 군사 지휘관을 가리켰다. 대공은 군사에 관한 한 몇 개의 백작령(Grafschaft, 그라프샤프트)을 포함하는 하나의 군관구(軍管區)인 헤르초크툼을 통할하여 지방백(Graf)의 상급 지휘관의 지위를 차지했지만, 일반 행정에 관한 권한은 없었다. 프랑스에서는 대공이 일반 지방관인 백작과 지위상으로 다른 점이 없었다.

하인리히 4세
독일 잘리에르 왕조 제3대 국왕, 신성 로마 제국의 황제(재위 1057-1106).

를 디자인한 마의가 그려져 있고, 주위에는 종기사들이 같은 장식이 달린 투구나 창을 들고 있다. 악기를 울리고 있는 종자 같은 자들도 볼 수 있다.

마네세의 필사본에는 미네젱거의 가인들이 가졌던 직업이나 특기를 나타내는 문장이 남아 있다. 하프, 책, 꽃의 문장뿐 아니라 곰 퇴치에 연유한 곰의 머리를 심벌화한 것, 특기인 투구 만들기를 나타내는 문장 등도 그려져 있다. 이것은 초기의 문장 성립의 유래를 말하는 것이다. 가인의 직업이나 특기를 보여주는 문장은 하우스 마크 옥호나 소유 의미의 심벌 , 수공업 직인의 표시, 동직(同職) 조합인 길드의 문장과 무관하지 않다.

미네젱거의 기사도 편력의 여행을 떠나는 일이 많았다. 이렇듯 각지를 편력하는 관습은 당시 순례가 유행했던 것과 맞물려 길드 제도의 직인에도 영향을 미쳤다. 그래서 그들도 편력 수행을 의무적으로 행하게 되었다. 이러한 편력 문화가 가지는 의미로 미네젱거의 가인과 길드의 직인에게는 각기 공통 사항이 있었다.

중세에는 많은 방랑 시인이나 예술가가 있었다. 그들은 편력을 할 때 영주의 문장을 몸에 달고 그것을 징표로, 영내를 통행하거나 안전, 비호 등을 바라기도 했다. 또, 지배자의 문장을 부착하는 관습은 도시 문장으로도 확대되어, 영주의 지배하에 있는 도시에서 그 사례를 확인할 수 있다. 제국의 직속 도시인 뉘른베르크, 프랑크푸르트의 문장은 합스부르크 왕가의 독수리 문장을 모티브로 하고, 부르봉 왕가의 백합 문장은 파리, 리용의 문장에 추가된다.

한편, 도시 문장 중에는 성 베드로(브레멘)나 성 게오르기우스 (브뤼셀, 모스크바) 등의 수호성인을 심벌화한 사례도 찾아볼 수 있다. 이렇듯 문장은 중세 이래 지배자나 성인의 비호를 나타내는 심벌의 역할도 맡고 있었다.

합스부르크 왕가
오스트리아의 구제실(舊帝室)이며 유럽 제일의 명문가. 11세기 스위스에 산성 합스부르크(매의 성)를 쌓은 후로 합스부르크백(伯)이라 불렸다. 대공위시대(大空位時代) 이후 실력 있는 국왕의 출현을 꺼린 독일 제후(諸侯)들이 이 집안의 루돌프 1세를 국왕으로 선출했다. 선출된 왕은 정략결혼으로 오스트리아의 슈타이어마르크 주를 획득함으로써 번영의 기초를 닦았다. 그의 아들이며 초대 오스트리아공(公)인 알브레히트 1세도 독일 국왕으로 선출되었으나, 1308년 암살된 후로 15세기까지 독일 왕위에서 멀어졌으나, 꾸준히 확대 정책을 펼쳐 독일 남동부의 대세력이 되었다. 1438년 알브레히트 2세의 국왕 즉위 이후로는 독일의 왕위와 제위를 계속 차지했다.

합스부르크 왕조의 계보
알브레히트 (1438-1439)
프리드리히 3세 (1440-1493)
막시밀리안 1세 (1493-1519)
카를 5세 (1519-1556)
페르드난트 1세 (1556-1564)
막시밀리안 2세 (1564-1576)
루돌프 2세 (1576-1612)
마티아스 (1612-1619)
페르드난트 2세 (1619-1637)
페르드난트 3세 (1637-1657)
레오폴트 1세 (1658-1705)
요제프 1세 (1705-1711)
카를 6세 (1711-1740)
카를 7세 (1742-1745)

부르봉 왕가
프랑스의 왕조로, 왕조의 명칭은 부르봉 라르샹보 시(市)에서 유래한다. 앙리 4세가 프랑스의 왕위에 오른 이후, 루이 13세, 루이 14세로 왕위가 계속되어 프랑스 절대왕정의 황금시대를 이룩했다.

부르봉 왕조의 계보
앙리 4세 (1589-1610)
루이 13세 (1610-1643)
루이 14세 (1643-1715)
루이 15세 (1715-1774)
루이 16세 (1774-1792)
제1공화국 (1792-1804)
제1제국 (1804-1814)
루이 18세 (1814-1824)
샤를 10세 (1824-1830)
루이 필리프 (1830-1848)

4. 문장관과 문장원의 성립

문장 발생의 초기 단계에서는 문장의 도안이 고정화되어 있지 않고 가지각색이었다. 따라서 같은 문장의 중복 사용을 피하거나, 상속할 때 일정한 규칙이 필요하게 되었다. 이러한 문장의 규칙을 통괄하는 데 문장관이 큰 역할을 했다.

문장관의 기원에 해당하는 인물이 처음으로 기록에 나타난 것은, 헨리 2세가 지배했던 노르망디에서 1173년 7월에 있었던 전쟁 때이다. 그들은 원래 떠돌이 예술가처럼 비정착민으로 권리가 없는 천대받던 존재였다. 그러나 문장에 관한 지식을 인정받아, 전쟁 시에는 적군과 아군의 문장을 구분하는 자로서, 평화 시에는 토너먼트를 주최하는 자의 종자로서의 역할을 맡아, 토너먼트가 열리는 전국의 시합장을 누볐다.

13세기 말에는 그들을 '문장의 종자'라고 불렀기 때문에 종자로서 줄무늬의 문장을 紋章衣, Tabard, 문장이 든 겉옷 를 입은 경우가 많았다. 그 후, 문장이 중시되면서 14세기경부터 문장관이라고 불리는 직업이 생겨났고, 그들은 왕이나 귀족의 직속 관리로 고용되었다. 이렇게 그들의 사회적 신분이 점차 높아져 갔고, 왕이나 제후에 예속된 문장관은 보통 자신의 주군의 문장이 그려진 문장의를 입었다.(그림22)

특히, 토너먼트가 화려했던 시대

그림22 주군의 문장의를 입은 문장관

에는, 행사 진행을 맡은 문장관은 시합 전에 우선 규칙을 설명하고, 방패 등의 병기를 바꾸는 임무를 맡았다. 그림 23은 C. 그뤼넨베르크의 〈문장도감〉에서 인용한 '투구 쇼'이다. 토너먼트에 출전한 기사의 투구가 장식되어 있고, 문장관이 그것을 점검하는 모습이 그려져 있다. 트럼펫 소리를 신호로 문장관은 기사의 이름과 신분을 피로하고, 토너먼트를 맡아 진행하고, 승리자를 찬양하거나 승패를 기록으로 남기는 일을 했다.

전쟁 시에 문장관은 사령부의 일원으로 하루 종일 주군 곁에 머물러 적군과 아군의 문장을 읽고, 주군의 명령을 선고하는 역할을 수행했다. 따라서, 문장관이 잘못된 정보를 전해 주면, 치명적인 결과를 초래할 수도 있었다. 전쟁 개시 때, 주군은 전쟁의 승리를 기념하여 기사에 도례(刀禮) 의식을 행했는데, 그때 문장관은 입회자가 되기도 했다. 실제로 전쟁 때, 문장관은 전장에서 조금 떨어져 전황을 관찰하고, 용감한 자 혹은 비겁한 자를 기억하기도 했다. 그리고 전투가 끝나면 양군의 문장관들이 전장에 모여 승패의 확인 작업을 하는데, 패배한 쪽의 문장관들은 승리한 사령관이 있는 곳을 향해 신의 가호에 의한 승리를 축하하고, 전사자의 명복을 빌었다.

또, 휴전일의 경우에 그들은 문장의를 몸에 두르고 적과 교섭하는 군사(軍使)의 임무를 맡았다. 영국 왕 에드워드 3세가 1346년 크레시 전투에서 프랑스 군과 싸워 대승했을 때 프랑스 측은 50명의 문장관을 사자로 파견하여 프랑스 군의 전사자 리스트를 왕에게 건넸다는 기록이 남아 있다. 문장관은 문장에 대한 풍부한 지식과 기억력, 신뢰성이 요구되지만 비전투원이고 무기를 지

그림23 투구 쇼

니지 않기 때문에 포로가 되는 일은 없었다. 이런 풍부한 문장에 대한 지식으로 문장관은 문장에 관한 결정에도 큰 역할을 맡게 되었다.

이렇게 문장관은 주군에게서 문장의 관리, 통괄, 기록뿐 아니라 문장 위반, 문장 다툼의 중재 및 처벌까지 위탁받았으며, 이런 이유 때문에 문장학이 탄생한 것이다. 이탈리아에서는 B. 사소페라토가 상세한 문장학 논문을 썼고, 독일에서는 튀링겐의 사제 J. 로테가 문장학 책을 출판했다. 이들에 의해 문장학의 기초가 구축되었다고 할 수 있다.

유럽에서 문장학이 발달한 것은 동일한 가문의 문장을 대대로 계승하는 것과 달리, 원칙적으로 개인 문장이었기 때문에 장남을 제외하고는 동일한 문장의 계승을 피해야 했기 때문이다. 그래서 색채, 도안, 상속을 위한 분할이나 합성 등의 세세한 원칙을 정했다. 따라서 여러 문장도를 체계화하고, 〈문장 목록〉이라는 비망록을 만들었다. 그 후, 문장 학교가 창설되기도, 대학에서 문장학 강좌가 생기기도 했다.

문장이 통치 심벌로서 중요한 역할을 맡았던 중세 후기부터 궁정의 한 관방(官房)에 문장원이 설립되고, 문장관은 거기에 속한 관리가 되었다. 더불어 문장관은 문장만이 아니라 궁정의 결혼식, 장례식 등의 행사 전체를 통괄하는 역할도 맡게 되었다. 일찍이 힘 있는 귀족이 문장

에드워드 3세
영국 플랜태저넷 왕조의 왕(재위 1327~1377). 에드워드 2세의 아들로, 윈저의 에드워드(Edward of Windsor)라고도 한다.

플랜태저넷 왕조의 계보
헨리 2세 (1154-1189)
리처드 1세 (1189-1199)
존 (1199-1216)
헨리 3세 (1216-1272)
에드워드 1세 (1272-1307)
에드워드 2세 (1307-1327)
에드워드 3세 (1327-1377)
리처드 2세 (1977-1399)

크레시 전투
1346년 8월 26일, 백년전쟁 최초의 큰 전투이다. 프랑스 군의 핵심은 중무장을 한 기사였고, 영국군은 새로운 무기인 장궁을 가진 보병대가 중심이었다. 영국 왕 에드워드 3세와 흑색 갑옷을 입고 출전하여 흑태자라는 별명이 붙은 에드워드 3세의 장남은 프랑스 왕 필리프 6세의 군대를 대파했다.

관을 거느리고 있었지만, 국가가 중앙 집권화함에 따라 차츰 이런 현상은 줄어들고 영국, 프랑스, 신성 로마 제국 등의 왕실 직속의 문장원이 문장관을 거느리게 되었다. 특히, 절대주의 시대에는 문장원이 통치에도 큰 역할을 맡았다.

1330년경의 신성 로마 제국에서는 문장을 수여하는 권리가 황제에게 있었다. 특히, 카를 4세는 스스로 문장 수여 증서를 발행했다. 이른바 문장 증서는 귀족에게 작위를 내릴 때나 신분 승격 때 발행되어, 황제가 문장의 소유권을 보증하고 그 정통성을 증명하는 것이었다. 물론 이 증서는 문장과 함께 대대로 세습되어, 가보로서 소중하게 계승되었다.(그림24)

카를 4세
신성 로마 제국의 황제(재위 1346-1378). 냉철한 현실주의적 타산을 바탕으로 외교 정책에 뛰어났다.

그림24 문장증서

1장 | 문장의 기원과 역사   43

귀족이 아닌 자들에 대한 문장이나 증서의 수여는 궁중백(宮中伯)에게 위탁되어, 그들이 임무를 대행했다. 문장관에는 세 종류가 있어, 대궁중백(大宮中伯, 귀족에게 위촉), 소궁중백(小宮中伯, 학자, 법률가에게 위촉), 기관궁중백(機關宮中伯, 대학, 학사원, 시장직에게 위촉)으로 나뉘어져 있었다. 그리고 그들은 문장 수여와 문장 오용의 감시뿐만 아니라 명예 실추에 대한 인정, 양자(養子)의 승인, 공정인의 확정, 학위의 수여, 시인(詩人)의 현상(顯賞) 등의 임무를 수행했다.

궁중백(宮中伯, 팔츠그라프)
'팔츠(Pfalz)'는 '왕궁'을 가리키는 말로, 왕궁을 관리하는 것이 '팔츠그라프(Pfalzgraf)'이다. 팔츠는 독일 각지에 있었지만, 그중에서도 라인 궁중백령이었던 지역이 오늘날 팔츠라고 부르는 지역이다.

그러나 신성 로마 제국에 있어, 독일의 여러 제후나 귀족이 황제의 신하로서 모두 조직화되었던 것은 아니어서, 독자적으로 운용한 경우도 찾아볼 수 있다. 신성 로마 제국이 약해짐에 따라, 독일의 프로이센, -1663년부터 문장 증서를 발행- 바이에른, 작센 등의 왕국은 각기 독자의 문장원을 설립한다. 프로이센의 경우, 1705년에 프리드리히 1세가 문장학 강좌를 갖춘 '기사 아카데미'를 처음으로 창설한다. 1806년 신성 로마 제국의 붕괴 후, 각국의 문장원은 과거의 신성 로마 제국의 문장원을 대체한다. 오스트리아에서는 고등법원이 문장원의 전통을 이어받아, 1830년에 마지막 문장 증서를 발행했음을 확인

프리드리히 1세
신성 로마 제국 호엔슈타우펜 왕조의 황제(재위 1152-1190). 붉은 턱수염 때문에 '붉은 수염'이라 불렸다. 무장으로서의 자질과 예리한 웅변술을 갖추었으며, 인재 등용에도 뛰어났다.

할 수 있다. 독일에서의 문장원 제도는 제 1차 세계 대전 후인 1919년까지 계속된다.

영국에서는 1290년에 '문장관장(紋章官長)'의 기술을 확인할 수 있는데, 곧이어 문장관, 종자라는 문장관의 신분 제도가 성립

한다. 문장원의 전신이 설립된 것은 적어도 1484년 이후로 보고 있으며, 리처드 3세가 그 시조로 알려져 있다. 문장원에는 백작 작위를 받은 3명의 '문장관의 왕(King of Arms)'과 10명의 문장관 혹은 문장속관(紋章屬官)이 있었다. 특히, 1554년에 설립된, 여왕 메리 1세와 인연이 있던 런던의 문장원은 유명하다. 그 후, 영국은 엄격하게 문장의 규정을 운용하는 것으로 유명한데, 현재에도 그 전통은 계승되어 문장원이나 문장관을 존속시키고 있다.

프랑스의 문장관은 14세기 초에 상당수 존재했고, 왕의 군대를 통괄하고 있던 사령관에 속해 있었다. 문장원은 샤를 6세에 의해 1407년에 설립되었는데, 역사적으로 주목받기 시작한 것은 부르봉 왕조하인 1615년 이후였다. 특히, 루이 14세는 1696년에 문장을 소유하고 있는 모든 가계와 공동체는 문장을 등록해야 한다는 칙령을 내려, 국고 재정을 위한 재건의 일환으로 문장 등록료 징수를 실시했다. 그러나 1789년 프랑스 혁명 이후, 프랑스 공화국은 특권 신분을 폐지하고, 문장원을 설립하지 않았다.

리처드 3세
영국 요크 왕조의 마지막 왕(재위 1483-1485). 에드워드 4세의 동생으로, 형이 죽은 후 어린 조카 에드워드 5세의 섭정이 되었다. 정적을 처형하고 어린 왕과 왕의 아우를 런던탑에 유폐시켜 왕위를 찬탈했다. 그러나 형의 아들 형제를 런던탑에서 살해했다는 소문이 퍼지고, 이때 랭커스터 가의 리치먼드 백작 헨리가 리처드 3세를 몰아냈다. 이것으로 장미전쟁은 끝나고, 백작은 헨리 7세로서 튜더 왕조의 시조가 된다.

요크 왕조의 계보
에드워드 4세 (1461-1483)
에드워드 5세 (1483)
리처드 3세 (1483-1485)

메리 1세
영국 튜더 왕조의 여왕(재위 1553-1558). 열렬한 구교도로서, 즉위 이듬해에 구교의 나라 에스파냐의 펠리페 2세와 결혼하여, 아버지와 동생의 종교개혁 사업을 부정하고 구교 부활에 주력하여 많은 신교도를 처형했다. 그 때문에 후세에 '피의 메리(Bloody Mary)'라고 불렸다.

샤를 6세
프랑스 발루아 왕조의 왕(재위 1380-1422). 오늘날의 트럼프 놀이의 원형은 그 당시 파리의 화공이 만들어 샤를 6세에게 바친 것이라고 한다.

루이 14세
프랑스 부르봉 왕조의 왕(재위 1643-1715). '태양왕'이라고 불렸으며, 부르봉 왕조의 절대왕정의 전성기를 대표하는 왕이다.

5. 문장의 변천

문장은 기사 문화의 개화와 함께 아주 빠른 속도로 확산되고, 문장원 제도의 확충에 의해 체계화되어 문장학이 성립된다. 그러나 문장을 낳은 기사가 활약할 수 있는 시대는 그리 길지 않았으며, 기사 신분도 해체되어 갔다. 경제적으로 궁핍한 기사는 마상창 시합에 출전하기 위해 빚을 지고 병기를 조달하는 일도 생기며 차츰 몰락해 갔다.

또, 전장에서도 갑옷을 몸에 두르고 중장비를 갖춘 기사 중심의 전투 방법에서 경장비의 보병을 중심으로 한 집단전으로 변모해 가면서 용병이 중시되었다. 여기에 큰 활이나 장활 등의 살상력이 높은 무기가 보급되고 대포 등의 새로운 병기가 발명되면서 방패나 작은 기들은 차츰 불필요해져 갔다. 이런 전법의 변화에 따라 문장은, 14세기경부터 근대에 이르기까지 기사의 실전(實戰)적인 표시가 아닌, 왕이나 귀족 가계의 권위를 상징하게 된다. 이것은 각종 의식에서 시각적인 역할을 수행하며, 사회적 심벌이 되어 묘비에까지 그려져 가계를 나타나게 된다.

이 같은 문장의 풍습이 왕이나 귀족뿐만 아니라, 이미 13세기 중기부터 로마 가톨릭에도 확대되면서 종교적 권위를 나타내는 역할까지 맡게 된 것은 당연한 과정이라 할 수 있다. 이렇게 문장은 정치적, 종교적 권위와 결합해 14~15세기경에 전성기를 맞이한다. 게다가 문장은 대학, 교회, 수도원, 도시, 길드 등의 공동체 심벌로서 일반인들의 생활 속에도 침투해 있었다. 또, 뒤러나 크라나흐 등 문장에 깊은 조예를 가지고 있던 예술가들이 출현하면서, 그들의 작품을 통해 문장에 대한 관심을 이끌어냈다.

이상과 같이 문장이 무기에서 파생하여 왕이나 귀족, 성직자의 권위를 나타내기에 이르고, 다시 공동체의 심벌이나 예술 작품에까지 확대되어 가는 과정은, 유럽의 역사와 문화에 밀접한 관련을 맺고 있다.

근대로 들어서면서 왕과 귀족은 시민의 대두에 의해 몰락할 운명이었다. 그와 함께 문장의 권위가 땅에 떨어지고 문장은 장식적인 것으로 변해 갔다. 또, 왕이나 귀족이 세습한 문장은 엄밀한 규칙으로 너무나도 복잡했기 때문에 의미를 알 수 없게 되어, 문장에 대한 관심은 차츰 줄어들게 되었다. 분명 17세기 이후의 신흥 시민계급 중에는 문장의 권리를 손에 넣고 가계의 일부로 받아들여 문장으로 가문을 치장하려는 자도 있었지만, 문장의 권위는 이미 과거의 유물이 되어, 단지 성 안을 장식하는 단순한 장식물에 불과했다.

18~19세기 이후 문장을 대신해 기(旗)가 대두했는데, 이것이 시민혁명, 제국주의, 파시즘 등의 여러 시대의 정치적 심벌이 되었다. 독일에서는 1919년에 바이마르 헌법에 의해 귀족이 폐지되고, 문장원이나 문장관도 제도적으로 없어져 권위의 상징으로서의 문장은 그 역사의 막을 내렸다. 이렇게 문장은 정치적인 역할을 기(旗)에 양도했으나, 공동체 문장 안에서는 아직 예전의 모습을 찾아볼 수 있다.

뒤러(1471-1528)
독일의 화가, 판화가, 미술 이론가. 독일 르네상스 회화의 완성자이며, 막시밀리안 1세로부터 연금을 받기도 했다.

크라나흐(1472-2553)
뒤러, 홀바인과 어깨를 겨루는 거장으로, 도나우화파의 영향을 많이 받았다. 루터의 친구였으며, 종교개혁 운동의 지지자로서 개혁가의 초상을 그렸다. 작센 선제후 프리드리히의 궁정화가로도 있었으며, 만년에는 선제후를 따라 바이마르로 가서 활동하던 중 객사했다.

바이마르 헌법
1919년 8월 11일에 제정된 독일 공화국 헌법. 국민의회가 바이마르에서 열렸다 하여 이렇게 부른다. 종래의 비스마르크 헌법과는 달리, 국민주권주의에 입각하여 보통, 평등, 직접, 비밀, 비례대표의 원리에 의거한, 선거에 의한 의원내각제를 채택하면서 약간의 직접민주제도를 인정했다.

19세기에서 20세기에 걸쳐 자본주의의 발전은 새로운 도시를 다수 탄생시켰으며, 이들 신흥 도시들도 문장을 제정하여 도시 문장의 '르네상스'라고 불리는 시대를 맞이한다. 이처럼 20세기에 들어서면서 문장은 도시나 주(州) 등의 공동체, 상표, 각종 단체 조직, 스포츠 등의 영역에서 아이덴티티나 미디어의 상징으로서 생명을 유지하고 있다.

작위의 서열
공작-후작-백작-자작-남작.
공작이 군주이면 공국, 후작이 군주이면 후국, 백작이 군주이면 백국이다. 현재 리히텐슈타인과 모나코가 공국이다.
작(爵)은 중세 및 근대에 귀족의 서열을 나타내던 칭호로서 중세 초기 서유럽의 대국이었던 프랑크 왕국에서 관직으로 존재했던 것이 세습적 봉건 귀족제의 발달과 함께 귀족의 계층과 서열을 나타내게 되었다. 상급 귀족으로서는 헤르초크(公), 팔츠그라프(宮中伯), 마르크그라프(邊境伯), 그라프(地方伯), 프라이에르 헤르가 있었으며, 그 밑에 하급 귀족으로 라이히스리터(直屬騎士), 리터(騎士)가 있었다.
프랑스에서는 중세 이후 듀크(公), 콩트(伯), 비콩트(子), 배런(男), 샤틀렌(城主), 바바쇠르(陪臣), 슈발리에(騎士) 등의 칭호가 있었다. 또, 고등법원의 평정관은 매관귀족이었기 때문에 시민도 법복귀족(法服貴族)이 되는 사람이 많았다.
영국에서는 11세기 노르만 정복 이후, 왕 직속의 가신(家臣)이 듀크(公), 마키스(侯), 얼(伯), 바이카운트(子), 배런(男) 등 상급 귀족의 작위를 가졌다. 상급 귀족의 가신은 바로네트(從男爵) 나이트(騎士)였으며, 서(Sir)의 칭호를 붙였다. 상급 귀족의 맏아들은 작위를 계승했으며, 공작과 후작의 둘째 아들 아래로는 이름 앞에 로드(Lord)라는 칭호를 붙였다. 자작과 남작의 둘째 아들 아래로는 이름 앞에 오너러블(Honorable)이라는 칭호를 달았는데 현재도 사용되고 있다.

제2장
문장학 입문

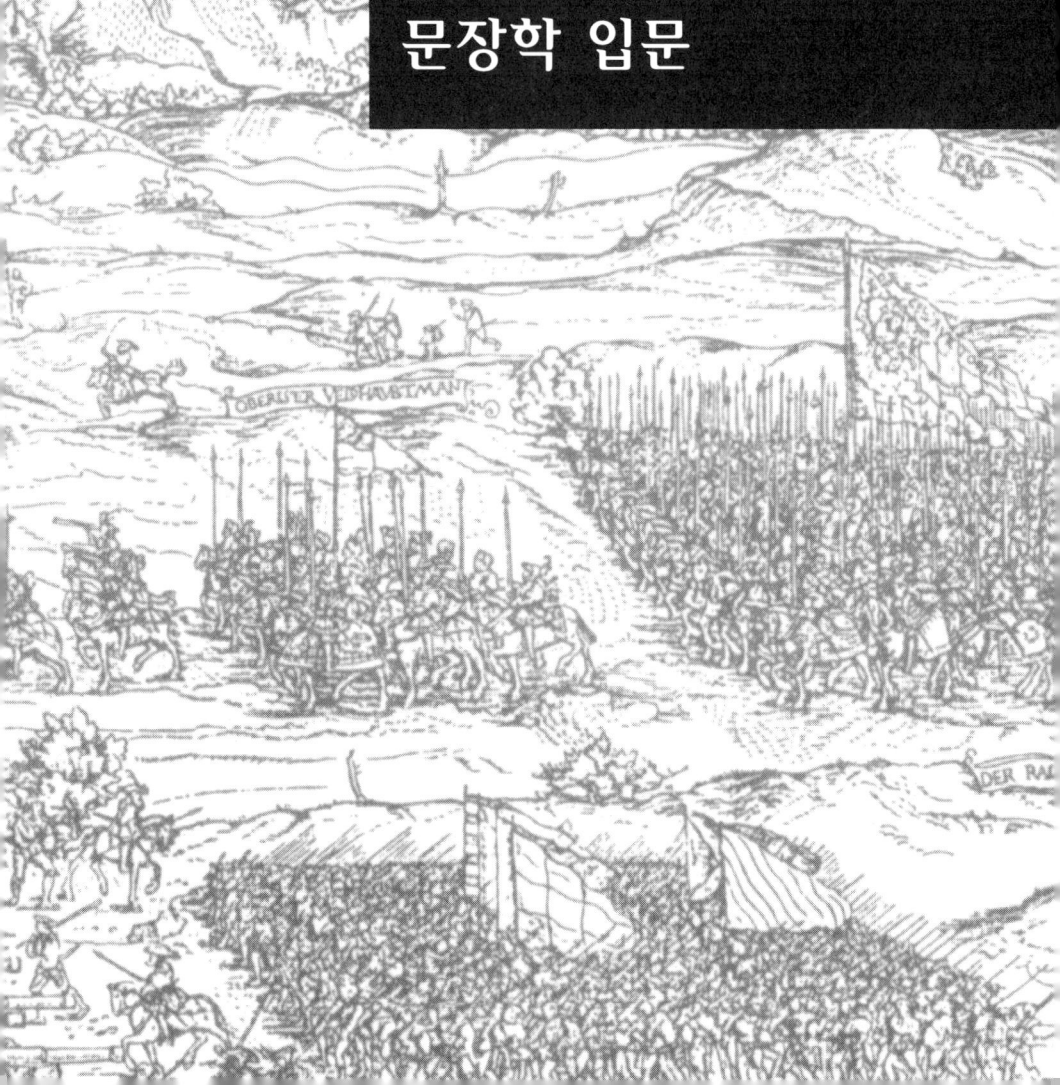

2 장

문장학 입문

1. 문장의 구성과 변천

무기에서 발달한 문장은 초기에는 방패의 표면에 그려진 것만을 가리켰다. 하지만 여기에 투구, 투구 장식 크레스트, 정수리 부분의 초승달 혹은 부채 모양의 장식, 투구 덮개, 투구 위관(位冠) 등의 장식 부분이 추가되어, 16세기 말경에는 각각의 부분을 합성한 완전문장(그림25)이 정식 문장으로 그려지게 되었다. 일반적으로 이것을 대문장(大紋章)이라고 한다. 특히, 왕이나 제후의 경우에는 투구 장식이 왕관에 대체되어 신분을 나타내고, 교황의 경우에는 보통 왕관 대신에 교황모를 그렸다. 완전문장을 구성하는 방패, 투구, 투구 장식, 투구 덮개 등은 유럽 미술의

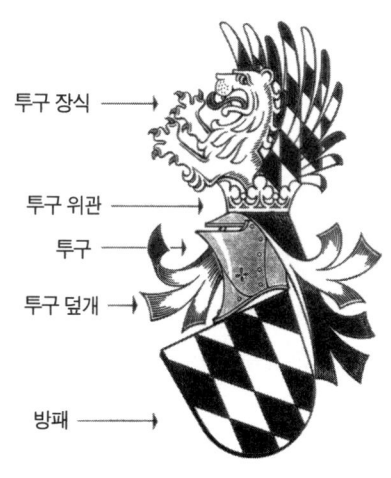

그림25 완전문장

고딕, 르네상스, 바로크의 양식을 반영하고 있다.

12세기경의 초기 방패의 형태는 그림 26에 보이듯이 가늘고 긴 삼각형을 하고 있다. 이것은 초기 고딕 양식으로, 끝없이 천상의 세계로 뻗어 오르는 교회 건축을 거꾸로 한 형태이다. 14세기 중기 고딕 시대가 되면, 이 삼각형의 폭은 넓어지고, 르네상스 이후 삼각형은 차츰 둥근 형태를 띠게 된다. 이것이 17세기 바로크 시대에는 장식적인 요소가 가미된다.

독일의 문장학에서는 일반적으로 투구의 형태를 4종류로 분류한다. 그림 27에 보이는 것처럼, 각각 단지형, 버킷형, 복면형, 면격자(面格子)형이라고 부른다.

단지형은 초기 투구에 많으며 12세기 말에서 13세기에 걸쳐 등장한다. 윗부분이 평편하며 머리 위에서부터 뒤집어쓰는 형태로, 눈 부분의 좌우로 갈라진 틈으로 상대편을 볼 수 있도록 되어 있다. 좁은 시야 때문에 방패에 문양을 넣어 적군인지 아군인지를 식별하는 문장의 관습이 생긴 것이다. 또, 이 투구는 안면에 십자로 보강판을 덧대 강도를 더했으며, 통풍

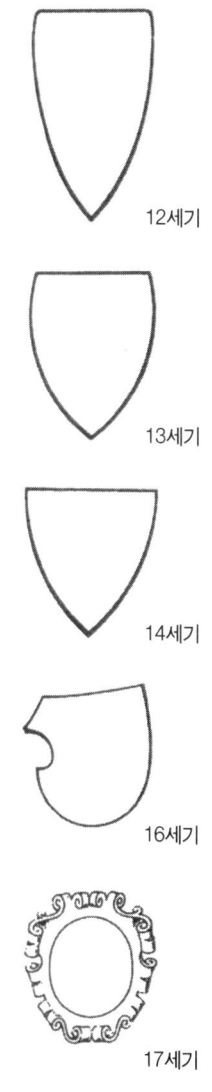

그림26 방패 형상의 변화

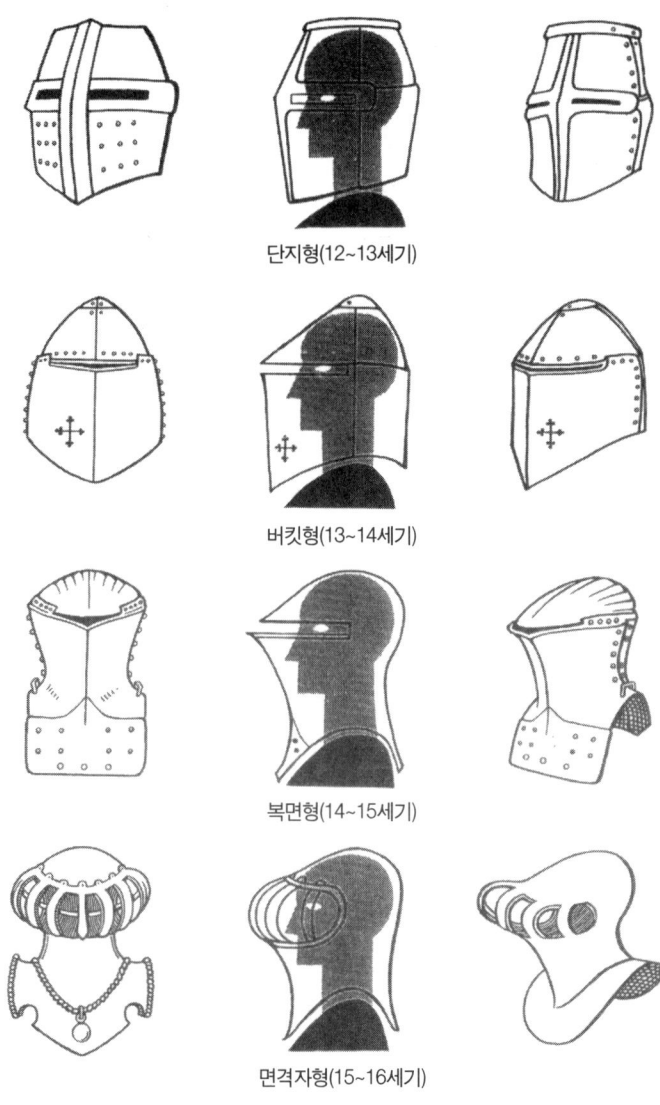

단지형(12~13세기)

버킷형(13~14세기)

복면형(14~15세기)

면격자형(15~16세기)

그림27 투구 형상의 변화

을 위해 코 주위에 구멍이나 틈을 냈다. 단, 목덜미 부분의 방어에 약하다는 약점이 있다.

버킷형은 고딕 시대의 전성기인 13~14세기에 많이 이용되었다. 초기 고딕 시대에는 윗부분이 평탄한 것도 있었지만 머리 형상에 딱 맞도록 나중에 원추형이 된다. 단지형보다 구조적으로 진보한 형태이다.

복면형은 14세기 말부터 등장하는데, 마상 창 시합에서 창의 공격을 피하기 쉽도록 우아하고 아름다운 유선형이 되었다. 이 형태는 투구의 중량이 어깨에 걸쳐졌고, 목의 방어도 완벽했기 때문에 구조적으로는 상당히 완성도가 높았다.

마지막으로 면격자형은 15세기 중기부터 16세기에 걸쳐 등장하는데, 이 형태의 유래에는 두 가지 설이 있다. 하나는 앞이 날카로운 창 대신에 둥근 봉을 이용한 마상 창 시합에서 상대의 투구 장식을 찔러 떨어뜨리면 이겼기 때문에 시계가 넓은 이와 같은 투구가 이용되었다는 것이다. 또 다른 설은 실용적인 목적에서가 아니라, 르네상스 시대의 자유로운 풍조 속에서 새롭게 감상용으로 고안되었다는 것이다. 여하튼 독일에서 격자는 5개 내지 7개로 정해져 있었다.

투구 장식은 주로 귀족의 개인 문장이나 가계를 나타내는 문장으로, 공동체나 길드의 문장, 교회 문장에서는 찾아볼 수 없다. 초기에는(1185년) 투구에 엠블렘 등을 그렸지만, 13세기 이후 차츰 가죽, 목제, 세밀 편직물, 아마포 등의 재료를 사용해 계관(鷄冠) 형태의 상징적인 장식을 달게 되었다. 특히, 사랑받았던 장식은 대칭을 이룬 뿔이나 깃털이었지만, 상대를 위협하는 듯한 괴

그림28 각종 투구 장식

물의 도안이나 기발한 형상도 등장했다.(그림28)

단, 문장관에 의한 투구 심사 때 규정에 맞지 않는 것은 제외되었다. 지나치게 화려한 장식은 실전에 이용하는 것이 아니라 오로지 마상 창 시합의 쇼 분위기를 고조시키는 역할을 맡았을 뿐으로, 시합 중에는 빼두었다. 또, 투구 장식도 대대로 계승했다.

왕관은 13세기까지는 문장도에 그려진 흔적이 거의 없다. 그러나 14~15세기경부터 왕이나 제후의 상징으로서 문장의 투구 장식에 그려지게 되었다. 이러한 관습은 르네상스 시대에 상급 귀족에서 하급 귀족으로 확산되어, 형상에 따라 신분, 특히 작위까지 알 수 있도록 차츰 정식화되어 갔다. 이러한 형상은 유럽 각지에서 각기 미묘한 차이가 있었다.

그림 29는 독일의 관(冠)으로 국왕, 대공, 후작, 백작, 남작의 위계를 보여주고 있다. 이러한 관습은 곧 시민 문장뿐 아니라 도시 문장에도 영향을 미치게 되었다. 예를 들면, 파리의 문장에는 성벽 관(城壁冠)이 그려져 있거나, 이후의 바이에른,

국왕

대공

후작

백작

남작

칭호 없는 귀족

그림29 독일의 왕관

베를린, 브레멘, 헤센, 라인란트팔츠 등의 주(州) 문장에도 주권을 상징하는 왕관이 부가된다. 그러나 종교 문장이나 여성 문장 등에는 보통 왕관을 사용하지 않는다.

　마지막으로 투구 덮개는 이미 십자군 원정 때부터 사용되었다. 이러한 사실은 13세기 초의 기록에서 확인할 수 있으며, 14세기 초부터는 완전문장의 구성 요소가 되었다. 문장학에서는 투구 덮개의 색은 방패의 주요색과 동일한 것이 관행이었다. 초기의 투구 덮개는 천이나 가죽제로 만들어졌는데, 금속으로 만들어진 투구가 태양열에 의해 뜨거워지는 것을 막기 위해 사용되었다. 또, 활이나 창으로부터 목을 방어하는 역할도 맡았다. 투구 덮개는 원래 베일과 같은 형태였지만, 차츰 칼자국을 넣어 용맹한 용사들의 모습을 담으려 했다. 후기에는 술이나 띠 형태로 변형한 것이 많아졌고, 더욱더 장식적으로 변화해 갔다.(그림30)

르네상스와 바로크　　고딕

그림30 투구 덮개의 변화

　예를 들면, 16세기에는 이것이 덮개가 아닌 아라베스크 모양이 되었고, 바로크 시대에는 본래의 목적에서 완전히 동떨어진 말아 올린 장식의 양상을 띠게 되었다. 따라서 투구 덮개도 당시의 미술 양식과 상관성을 나타내고 있다고 할 수 있다. 16~17세기에는 특히, 왕이나 제후의 대문장의 화려한 망토로 발전해 담비 모양 등에 의해 그 권위를 나타내게 되었다.

2. 문장의 색채

유럽 문장의 컬러판은 아름답게 채색되어 보는 사람을 매료시키는데, 그것은 문장의 기원이 상대편과 자신, 적과 아군을 식별하기 위한 수단으로 탄생한 것과 관계가 있다. 방패 문장에 사용되는 색은 보통 메탈 색, 4종류의 원색, 색채 대신에 사용되는 모피 모양 등으로 분류된다.(그림31)

메탈 색에는 금과 은이 있고, 금은 황금색으로 은은 흰색으로 대용되는 일도 있었다. 또, 오래된 가문의 귀족들은 문장에 메탈 색과 다른 색으로 2종류의 색만을 사용했다. 4종류의 원색은 15세기 경부터 적(赤), 청(靑), 흑(黑), 녹(綠)으로 정해져, 색의 서열도 그와 같은 순서였다. 그리고 16세기가 되면서 자주색이 추가되는 경우도 있었는데, 자주색은 고귀한 종교 문장에만 사용할 수 있었다. 이들 색은 농담에 의해 달라지는 색을 이용하기보다는 명확한 원색을 사용하도록 정해져 있었다. ―스페인에서는 회색이, 영국에서는 오렌지색이 등장하기도 했지만, 지역적인 예외에 지나지 않는다. 피부색은 인간의 신체를 그릴 때만 그 사용이 인정되었다― 문장이 구체적인 자연의 피조물을 나타낼 경우, 일부러 자연색을 피해 늑대는 붉은색, 여우는 검은색, 독수리는 푸른색으로 하는 경우가 있었다. 이런 예를 통해서도, 문장은 미학

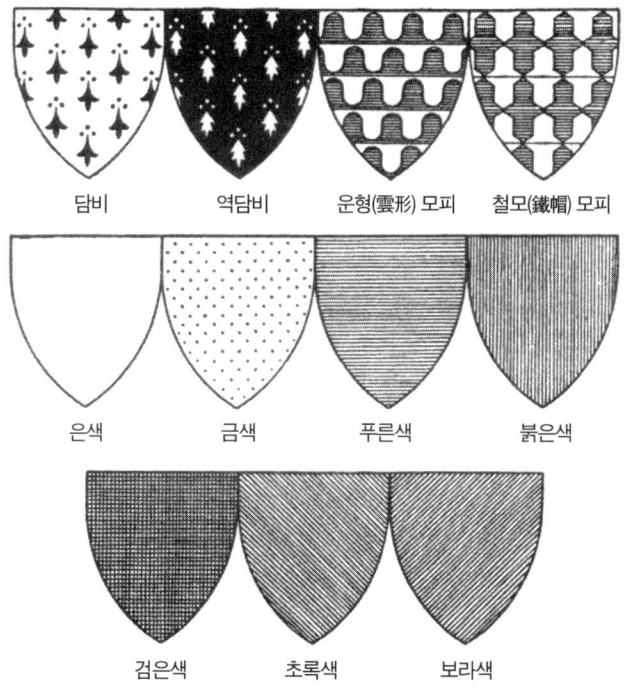

그림31 모피 모양 (상), 색의 표시 (중, 하)

적 관점보다도 식별하기 위한 것이라는 생각이 우선했음을 알 수 있다.

그런데 옛날은 컬러 인쇄가 발달하지 않았기 때문에, 인쇄 때 흑백만으로 표시할 필요가 있었다. 그래서 16세기 말경부터 17세기 초에 걸쳐, 그림 31의 중간과 아래에서 보이듯 점이나 선으로 문장의 색을 기호화하여 표기하게 되었다. 이것이 국제적으로 정해져 현재까지 이르고 있다.

그런데 문장에 모피 모양이 들어가는 경우가 있었다. 이것은 일찍이 방패에 모피를 붙인 것의 흔적이라 할 수 있다. 거기에는 담비, 북방 다람쥐의 모피가 이용되는 일이 많았다. 특히, 담비 모피는 귀족이 좋아하던 고가의 것으로, 흰 천에 검은 반점 모양이 아름다웠다. 문장학에서 모피 모양은 보통 담비 모양, 역담비 모양, 운형(雲形) 모피 모양, 철모(鐵帽) 모피 모양으로 분류되어, 그림 31의 위쪽에 보이는 것처럼 그려졌다. 모피 모양은 푸른색과 흰색으로 표기되어 중세 영국과 프랑스에서 많은 사랑을 받았지만, 독일이나 노르웨이 북부, 스웨덴에서는 드물게 사용되었다.

색에는 본래 상징적인 의미가 있어, 사람들은 예부터 고유한 색의 이미지를 가지고 있었다. O. 노이베커에 의하면, 고문장(古紋章)의 색은 천체, 보석, 상징에 각각 대응한다. 그것을 표로 나타내면 아래와 같다.

색	천체	보석	상징
금색	태양	토파즈	오성(悟性), 명성, 덕, 숭고
은색	달	진주	순수, 영지(英智), 무구(無垢)
적색	화성	루비	조국에 대한 헌신
청색	목성	사파이어	충성
흑색	토성	다이아몬드	슬픔
녹색	금성	에메랄드	자유, 아름다움, 환희, 건강, 소망

단, F. 갈 등은 이것은 후세 사람들이 멋대로 끼워 맞춘 것에 지나지 않으며, 본래의 의미는 없었다고 비판하고 있다. 분명 표와 같이 엄밀한 의미의 대응 관계는 없을지도 모르지만, 인간은

색에 대해서 어떤 이미지를 가지고 있는 것만은 확실하다. 예를 들면, 중세의 색채 기호에 대해 이케우에 준이치는 다음과 같은 흥미로운 지적을 하고 있다.

문장에 사용된 색의 빈도 조사에 의하면, 푸른색은 1200년경에는 5%에 지나지 않았으나, 1250년에 14%, 1300년에 20%로 늘어났고, 1350년에는 25%에 달했으며, 이것은 15세기 말까지 일정 수준을 유지한다. 그러나 16세기에 다시 증가하여 1650년에는 35%를 넘는다. 반면 붉은색은 1200년경에는 65%나 되었으나, 1250년에는 45%로 급락, 그리고 13세기 말에는 35%로 뚝 떨어졌다는 것이다.

푸른색이 유행한 것은 부르봉 왕조의 백합 문장의 푸른색에서 기인한다고 한다. 또, 푸른색이 충성을 상징하기 때문에, 이것이 봉건 시대부터 절대주의 시대에 걸쳐 선호하는 하나의 이유로 거론되는 것인지도 모른다. 게다가 시대적으로 푸른색의 염색 기술도 향상되어, 대청 黛靑, 유채과의 염료용 식물 에서 아름다운 푸른색을 만들 수 있었다는 배경도 있다.

유럽 인의 푸른색에 대한 기호는 계속 이어져 더블린, 스톡홀름, 취리히, 마르세유 등의 도시 문장, 유럽 공동체 기, 나토 기, 영국, 스웨덴, 그리스 등의 국기에도 푸른색이 이용되고 있다. 이와 같은 사례는 상당하며, 지금도 좋아하는 색의 설문 조사에서 유럽에서는 푸른색이 단연 1위이다. 일찍이 압도적 위치를 차지하고 있던 붉은색은 차츰 그 지위를 푸른색에게 양보하고, 차별받는 사람들을 두드러지게 하는 심벌이나 혁명의 심벌로 이용되었다.

3. 문장의 문양

문장학에서는 선이나 기하학적인 모양에 의해 만들어진 추상 문장과, 동식물이나 사물의 구체적인 그림을 그린 구체 문장으로 분류된다. 물론 그 양쪽의 조합도 있다.

영국의 문장학에서는 기하학적 도형을 오디너리즈(Ordinaries)라 부르고 그 변형을 서브 오디너리즈(Sub Ordinaries), 구체 도형을 보통 차지(charges)라고 부른다. 여기에 선으로 만든 분할 도형이 추가된다. 이렇듯 엄밀하게 구분되기도 하지만, 일반적으로 추상 문장과 구체 문장으로 나눌 수 있다. 도형은 시대의 추이와 함께 복잡해지고 불분명해졌다. 하지만 왕이나 귀족, 유명인의 문장일 경우, 기록이나 전설에 의해 문장의 유래가 설명될 뿐만 아니라, 도안의 상징이 가지는 의미나 의도 등을 유추할 수 있는 것도 적지 않다.

또, 선이나 기하학적인 모양에 의한 추상 문장에 색을 가하게 되면서 다양한 기하학적인 도형이 만들어졌다. 이것은 수직, 수평으로 분할되는 것뿐 아니라 사선, 파도 모양, 지그재그, 울퉁불퉁, 테를 두르는 것에 의해 구분되거나 십자, 소용돌이, 동그라미 등이 덧붙여져 만들어진다.(그림32) 문장학에서는 본디 각각의 명칭이 붙여져 분류되어 있는데, 이것은 다양한 문장을 만들 때 동일한 문장을 만들지 않기 위한 지혜이다.

유럽과 거의 같은 시기에 일본에서도 문장이 성립했다. 추상 문장에 있어서는 일본의 문장이 곡선을 이용하여 우아하고 아름답고 섬세하게 그려졌다.(그림38) 이것은 문화의 차이라 할 수 있

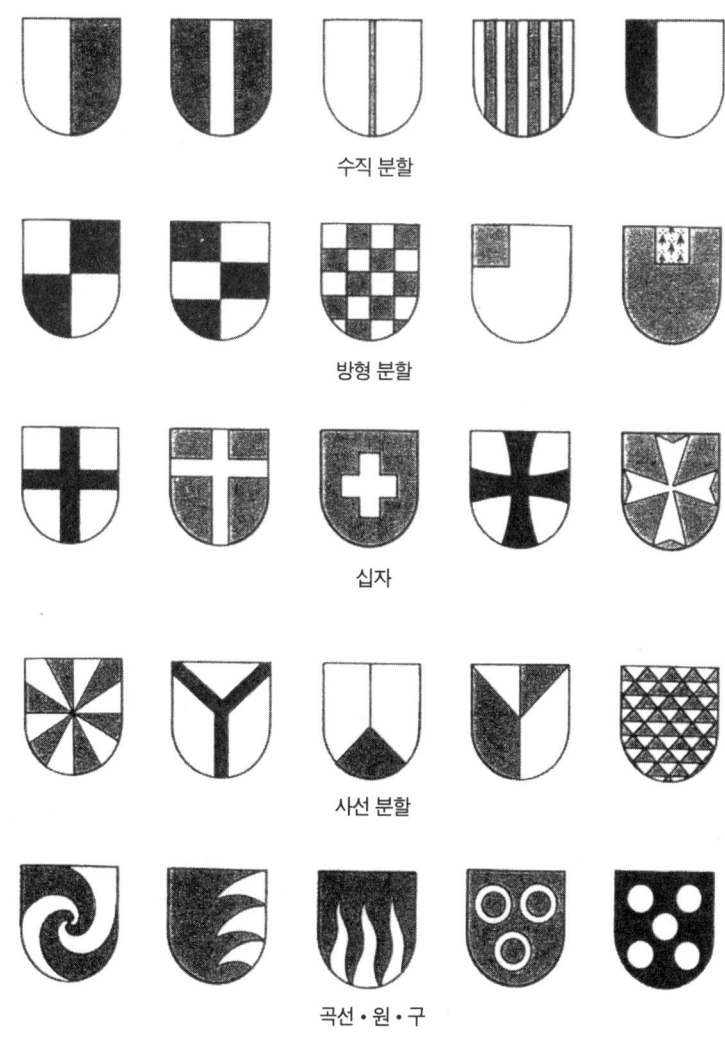

그림32 추상문장 예

그림33 구체문장 예

지만, 유럽의 추상 도형은 개인 문장에서 발생했고, 동일 문장을 피하기 위해 상당한 노력을 기울여 분할 합성하여 계승해 왔기 때문에 심미성이 결여된 복잡한 것이 많았다. 반면, 일본에서의 문장은 가문(家紋)으로서 발달해 그다지 분할 합성하지 않고 계승되어 온 까닭에 미적 감각을 중시한 대칭형의 문장 원칙이 그대로 남아 있다.

구체 문장의 경우 동물, 식물, 건축물, 물품, 천체, 전설에 유래한 가공의 창조물에 이르기까지 상상할 수 있는 모든 것이 문장의 대상이 되었다. 구체 문장은 초기에 문장 전체의 75%를 차지하고 있었기 때문에 문장 제정 시에는 의미나 유서가 있는 것이 많았다. 그중에도 목축 민족의 전통 탓인지 유럽에서는 동물이 그려진 문장이 많았다.(그림33) 왕이나 귀족은 권위를 과시하는 독수리나 사자 등을, 종교 문장은 열쇠나 십자가와 같이 그리스도교와 관련된 것을, 도시 문장은 성문이나 탑을 모티브로 했다. 길드 문장은 그 직업을 나타내는 망치, 나이프, 도끼, 가위 등의 도구류를 디자인화하는 것이 일반적인 경향이었다.

더 나아가 용, 유니콘, 피닉스, 바실리스크 전설 상의 거대한 괴물 같은 가공의 동물뿐 아니라, 일본 문장에서는 낯선 두개골, 뼈, 여성의 나체, 머리를 손에 든 성인 등의 기발한 문양도 다수 찾아볼 수 있었다.(그림34) 이렇게 4백만 혹은 일설에 의하면, 천 만이나 되는 방대한 문장이 만들어졌다.

문장을 제정할 때의 계기는 여러 가지가 있겠지만, 자신과 남을 구별하는 인식표가 그 원점이었다. 그 때문에 직업, 동물, 식물 등을 나타내는 성(姓)이 문장화되는 일도 있었다. 독일에서는

그림34 기발한 문장 예

호미로 밭을 경작하는 사람(Pfluger), 호수를 파는 사람(Teichgraber), 요리사(Koch), 늑대(Wolf), 봄(Lenz), 송아지(Kalb) 등이 그 예들이다.(그림35)

호미로 경작하는 사람 　 호수를 파는 사람 　 요리사

늑대 　 봄 　 송아지

그림35 성(姓)과 문장

그림36 셰익스피어의 문장

뮌헨 　 베른 　 베를린

그림37 도시 문장의 유래

또, 셰익스피어의 부친의 창(spear) 문장(그림36), 아이헨도르프_{독일 후기의 낭만파 시인, 소설가}의 떡갈나무(Eiche)의 열매 문장 등도 문장과 성을 유추할 수 있다. 나아가 도시 문장에도 베를린이나 베른의 곰(Bär), 뮌헨의 승려(Mönch)(그림37), 로텐부르크의 붉은(rot) 성채(Burg), 옥스퍼드의 수소(ox) 등은 문장의 모티브와 도

66　문장으로 보는 유럽사

시명이 밀접하게 관련되어 있음을 보여준다. 따라서 문장은 가계의 뿌리나 도시명의 성립을 탐구하는 데 도움이 된다.

일본의 구체 문장은 오동나무, 해바라기, 국화, 매화나무, 용담, 등나무, 제비붓꽃, 벼 등 주로 식물을 디자인화한 것이 많다. 동물 문양으로는 공작, 기러기, 학, 비둘기, 사슴, 나비 등 비교적 얌전한 동물이 대부분이다.(그림38) 농경문화에서 발생한 일본이 주변의 꽃을 중심으로 한 식물 문양이 다용되고, 동물 문장이 비교적 적은 것은 당연한 일일 것이다. 이것은 일본의 풍토와 밀접한 관계에 있을 뿐 아니라, 문장이 거기에서 성장하고 단련된 미의식에 의해 성립한 것임을 나타낸다.

또, 유럽의 문장이 풍부한 색채가 특색인 것에 비해, 일본은 흑백을 기조로 한 수묵화를 연상시키며, 전국시대를 제외하면 화려하기보다 오히려 수수했다. 이처럼 문장도 그 배경에 문화가 존재하고 있으며, 인간의 삶을 이야기하는 것으로 역사, 사회학, 민속학의 연구에 있어서도 기여하는 바가 크다.

그림38 일본의 문장

4. 문장의 상속과 가증문(加增紋)

문장학에서는 상속되는 문장과 그렇지 않은 것으로 구별할 수 있기 때문에 상속의 규칙은 매우 중시된다. 원칙적으로 장자 상속이 적용되었지만, 유럽에서는 개인 문장 중심이었기 때문에 이를 상속하는 경우 동족(同族)이라고 해도 동일한 문장을 피하고 새로운 문장을 만들 필요가 있었다. 그 노력의 일환으로, 첫 번째는 문장의 모티브를 변형 가필하거나 색을 바꾸는 디퍼렌싱(differencing)의 방법이 있다. 두 번째는 선으로 분할하고 두 종류 이상의 문장을 분할 합성해 새로운 문장을 만드는 마샬링(marshalling)도 많이 행해졌다. 이때 구분된 부분을 구분면이라 한다. 그림 39에서처럼 구분면에는 순서가 매겨져 있다.

특히, 여성의 문장 계승자가 결혼할 경우, 그 위치는 양가의 우열 순위와도 관계가 있기 때문에 중요하다. 원칙적으로 좌측 상부가 우위에 놓인다. 단, 문장학에서는 좌우가 반대로 그림 39의 AC가 우측, BD가 좌측이 된다. 본디 방패에서 발달한 문장은 이것을 소지한 측과 바라보는 측과는 좌우가 반대로 되어 있는 까닭에 이런 관행이 생긴 것이다.

그림 40은 12세기 독일의 기젤베르트 1세부터 시작된 문장 상속의 일례를 보여준다. 기젤베르트 2세는 세 명의 아들이 있어 콘라트 2세가 왕의 문장을 계승하는데, 나머지 두 명은 색을 바꿔 동족임을 나타내면서도 동일한 문장이 되는 것을 피하고 있다. 그 다음으로 빌헬름 1세가 기젤베르트 2세의 문장을 계승하고, 프리드리히 1세는 방패의 상부에 부가 표식 −라벨− 을 추가해

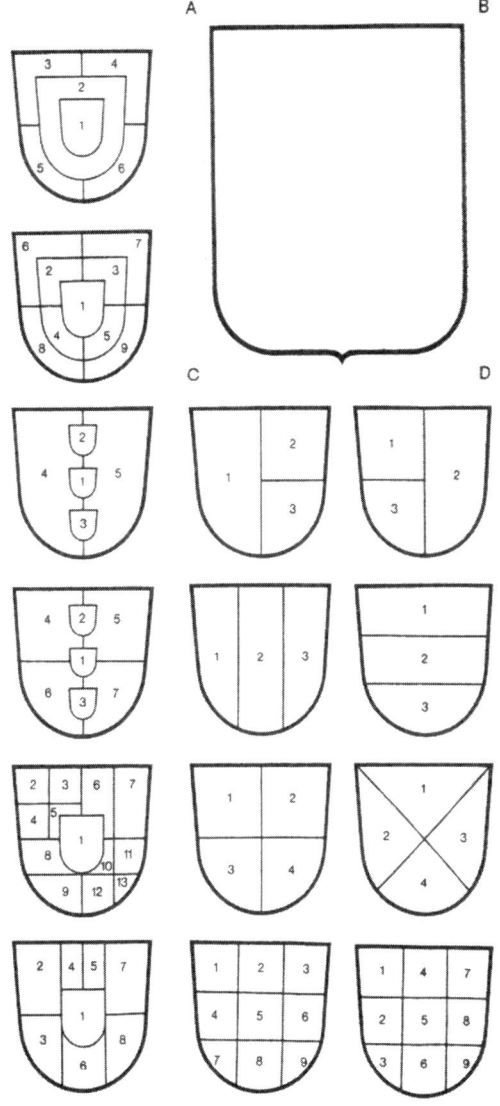

그림39 문장의 구분과 순위

2장 | 문장학 입문

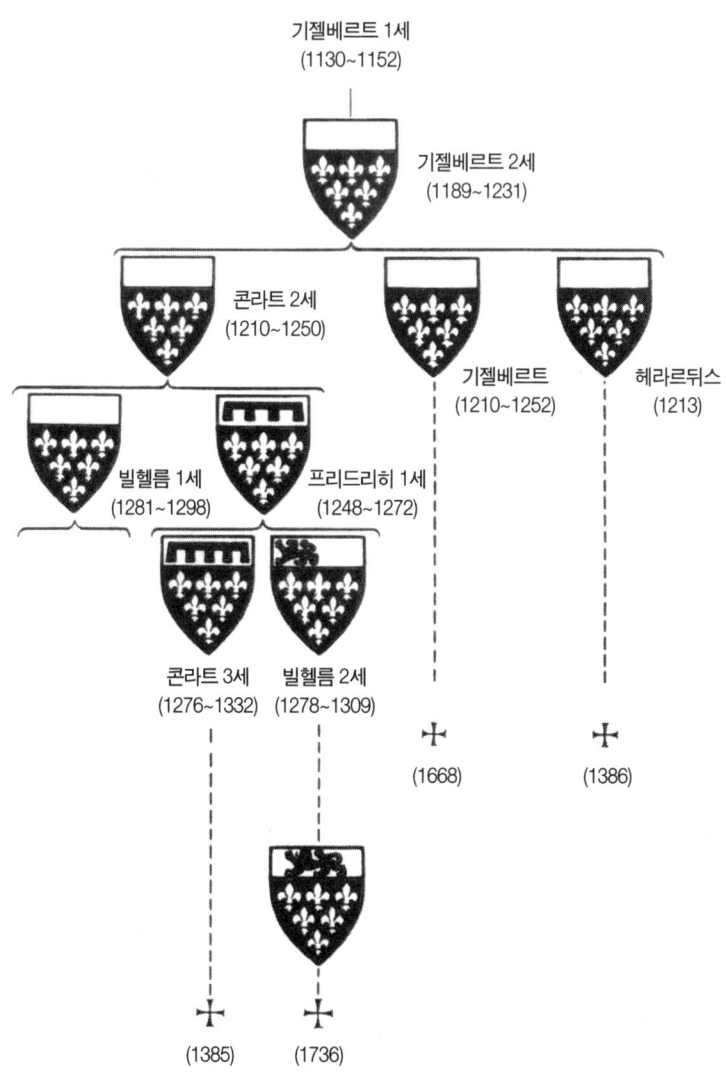

그림40 독일 문장 상속 예 (기젤베르트 2세의 푸른색 바탕의 백합문은 장남이 계승하고, 차남인 기젤베르트는 그것을 검은색 바탕으로 바꾸고, 손자인 프리드리히 1세는 부가표식을 넣었다.)

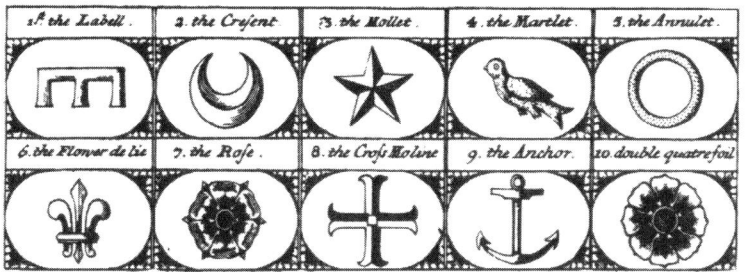

그림41 영국 왕실의 부가 표식

차이를 보인다. 이후 세대에서도 이와 같은 상황은 반복된다. 이처럼 보통 장남이 아버지의 문장을 상속하고, 차남 이하는 색을 조금 달리하거나, 부가 표식을 고안하거나 가장자리에 지그재그 문양을 넣기도 한다.

영국 왕실 문장은 그림 41과 같이 다리, 달, 별, 작은 새, 링, 백합, 장비, 십자, 닻, 이중 장미 등의 작은 부가 표식을 덧붙여 변화를 꾀하며 계승한다. 이러한 방법은 앞에서 말한 디퍼렌싱의 일종으로 독일 서부, 프랑스, 네덜란드, 영국 등지에서 행해졌던 관습이었다.

그런데 왕이나 귀족의 상속이 반드시 아들에게만 계승되지는 않았다. 딸만 있거나 자식이 없는 가계도 있기 때문이다. 딸만 있는 경우, 보통 딸이 상속인으로 결정되고, 그녀가 장남과 결혼하면 초기 규칙으로는 양가의 문(紋)이 분할 합성된다.

그림 42는 영국의 콘웰 백작 에드먼드의 문장으로, 아내 마가렛의 생가 클레어 백작 문장을 왼쪽 절반 —문장학에서는 좌우가 반대— 에 합성하고 있다. 이것은 양가의 문장을 계승했음을 쉽게 이해시키는 방법이지만, 미적으로 조화롭지 못하다는 결점이 있

그림42 문장의 이분할 합성 예   **그림43** 문장의 사분할 합성 예

어 이후 그다지 사용되지 않았다. 그 대신에 방패를 사분할하여, 1과 3, 2와 4의 구분면에 각각의 동일 문양을 배치하거나(그림43) 그 외의 다른 방법으로 결점을 개선하려 했다. 또, 가계가 끊겨 문장이 계승되지 않는 일도 있었는데, 이러한 경우에는 군주가 그 권리를 획득했다.

　이상의 사례는 영국 왕실을 제외하면 반드시 엄격하게 지켜지지는 않았다. 그 이유는 모두가 이 방식을 따르면, 너무나 문장이 복잡해져 버리기 때문이다. 바이에른의 슈트레르 남작 가문의 가계도(그림44)는 문장을 비교적 단순화하여 계승하고 있다. 그림에 그려져 있듯이, 가지의 아랫부분부터 좌우로 17세기 이후의 슈트레르 가문 —문장학에서는 오른쪽— 과 그의 결혼 상대인 여성의 문장 —문장학에서는 왼쪽— 이 걸려 있다. 슈트레르 가문은 자녀가 딸이든 장남 혹은 차남이든 사자와 두 개의 별로 사분할된 문장을 대대로 계승하고 있다. 실제로는 이 같은 사례가 많지 않았을까 추측한다.

그런데 결혼 문장에서는 16세기경부터 양가의 문장을 나란히 배치하고, 남편과 아내의 문장에 방패를 나란히 놓는 관습이 생겼다. 이때도 규칙이 있어 그림 45에서 보이듯이, 문장학으로 오른쪽에 남편의 경상문장 鏡像紋章, 반전한 문장을, 왼쪽에 아내의 문장을 나란히 놓는 것이 관례였다. 결혼 문장은 부부가 살아 있는 동안에만 사용되었다. 양친이 문장 상속자인 경우에는 이것을 아들에게 상속시키기 위해서 각각의 문장을 분할 합성했다.

그림44 문장의 가계도

그림45 결혼 문장

그러나 이 같은 상속을 반복하면 문장은 더욱 세분화되고 복잡해져, 본래의 소박하고 자연스러움이나 식별이라는 기능을 잃어 쉽게 이해할 수 없는 결과를 초래한다. 이러한 법칙이 엄격하게 지켜지지는 않았지만, 문장의 복잡 다양화는 문장을 차츰 쇠퇴하게 만드는 원인으로 작용했다.

특별히 공이 인정되면, 군주가 상으로 가신에게 문장을 수여하는 일도 있었다. 그 기원은 신하에게 봉토를 주는 관습에서 기인했다. 봉토에는 한계가 있기 때문에 그 대신에 문장이나 훈장, 혹은 작위 등이 이용되었다.

그 예로, 훨씬 훗날의 일이기는 하지만, 영국의 넬슨 제독이 유명하다. 1798년, 넬슨 제독은 이집트의 아브키르 만에서 나폴레옹 군대를 격파하고 남작의 칭호를 받는다. 이를 기념하기 위해 넬슨의 문장의 윗부분에 '야자나무, 파괴된 배, 폐허가 된 포대(砲臺)'의 광경이 추가되었다.(그림46) 이 가증문(加增紋)은 그들의 공적을 찬양하는 것이지만, 문장학적으로는 심미성이 결여되었다고 할 수 있다.

또, 주군의 문장을 조합하여 백작(사자 심벌), 남작(왼손 심벌)에게 수여하거나,(그림47) 왕당파나 교황파를 나타내기 위한 공통의 심벌을 추가한 문장도 있다. 이 가증문의 관습은 일본의 문장에도 존재하는데, 메이지 천황이 사이고 다카모리에게 하사한 국화 문양의 일화는 유명하다. 그 이전에도 미나모토노 요리토모가 하사한 사타케 요시노무의 부채 문양, 도요토미 히데요시가 공적이 있는 가신에게 수여한 오동나무 문양 등이 비교적 널리 알려져 있다.

미나모토노 요리토모(1147-1199)
일본 가마쿠라 막부를 세운 무장. 요리토모에 의해 시작된 일본의 무가 정치는 이후 700년 동안 계속되어 메이지유신에 이른다.

그림46 넬슨 제독의 가증문

백작 : 사자

그림47 서임 가증문

남작 : 왼손

제3장
주요 심벌과 모티브의 유래, 그리고 변천

3 장
주요 심벌과 모티브의 유래, 그리고 변천

1. 심벌의 기원

문장이나 기 등의 심벌 표식은 색채, 기호, 문양을 통해 신비, 권위의 과시, 차별, 식별, 연대, 커뮤니케이션 등의 메시지를 전하고 암시하는 기능을 가지고 있다. 이처럼 심벌은 응축된 의미와 이미지를 내포하고 있고, 그 기원으로 거슬러 올라가면 태고적 인간의 신조나 세계관과 밀접한 관계를 맺고 있음을 알 수 있다.

일찍이 사람들은 천재지변, 기근, 질병, 불안, 죽음 등에 직면했을 때, 자연의 노여움을 진정시키고 인간을 불행하게 만드는 알 수 없는 존재로부터 몸을 지키기 위해 기도를 하거나, 공양물 혹은 살아 있는 제물을 바쳐서 현세의 복과 마음의 평안을 기원했다.

또, 풍요로운 자연의 혜택에 감사의 마음을 올리고 태양, 수목, 거석, 동물, 식물 등에 외경의 마음을 키워 왔다. 이러한 소박하고 종교적인 마음에서 제전(祭典)이 행해졌으며, 주술 등의 원시신앙이 형성되었다. 제전은 지도자에 의해 관장되어 연중행사나 각종 변형을 통해 집단 사회를 통치하는 수단으로 생활 속에 정착해 갔다.

제전에 사용되는 성스러운 상(像), 각종 부적 중의 일부가 심벌 표식의 발생과 관계가 깊다는 것은 쉽게 알 수 있다. 애니미즘을 근간으로 각종 부적이나 우상은 너무 많아 헤아릴 수가 없을 정도이다. 예를 들면, 태양은 원형으로 심벌화되고, 남성의 남근은 생명을 창조하는 심벌로, 여성의 유방은 풍요의 여신의 심벌(그림48)로 신앙의 대상이 된다. 그것뿐 아니라 동식물, 광물, 귀금속, 추상 모양 등 자연의 삼라만상에서 모든 상상할 수 있는 창조물까지 다양한 것이 심벌화된다.

그림48 에페소의 여신상(2세기)

특히, 신비로운 영혼이나 신과 교류하는 자를 숭배하고, 결국 제사를 관장하는 자가 카리스마화되어 세속의 통치자, 즉 왕이 되는 경우가 많았다. 제전의 심벌이나 표식은 고대 사회에서 확립된 종교와 밀접한 관계를 맺고, 한편으로는 부족이나 고대 왕가의 통솔에 중요한 역할을 맡았다. 또, 풍요의 뿔, 왕관, 왕홀, 성배, 반지, 사자, 독수리, 장미, 백합 등의 심벌과, 종교적 행사나 정치적 통치가 결합되어 통치자 자신의 초상이 심벌화되는 경우도 흔했다.

고대에 성립한 주요 종교와 심벌로는 미트라교 북유럽 신화에 나오는 광명의 신 미트라를 신앙한 밀의 종교 의 소, 유대교의 다윗의 방패, 그리스도교의 십자가 등을 떠올릴 수 있다. 특히, 그리스도교에서는 십자가뿐 아니라, 그 밖의 여러 심벌도 널리 알려져 있다. 그림 49는 십자가를 축으로 비둘기, 닻, 물고기 등을 대칭형으로 조합시킨 심벌도(圖)로, 비둘기는 〈창세기〉의 '노아의 방주'의 항해가 끝났음을 알린 평화의 상징으로 성령으로도 알려져 있다. 닻의 심벌에 대해서는 클레멘스 1세가 닻과 함께 바다로 던져졌다는 일화가 있고, 그리스 어로 '예수 그리스도 하나님의 아들 우리 주 예수(Iesus Christos then Hyios Soter)'의 머리글자를 따면 '물고기(Ichthys)'가 되기 때문에 물고기 심벌은 적어도 3세기경부터 그리스도교도에 있어 신비의 상징이 되었다.

분명 초기 그리스도교 시대에는 우상숭배는 부정되었다. 그럼에도 불구하고 우상이나 심벌은 4세기경 이후 그리스도교에도 정착해 전설이나 신화를 통해 계승되고 있다. 특히, 320년에 그리스도가 처형된 십자가가 골고다 언덕에서 발견되었다는 전설이 신

그림49 그리스도교의 심벌 예

클레멘스 1세(재위 88-97)
사도 베드로부터 시작하여 제4대 로마 교황으로, 베드로 사도로부터 직접 안수를 받았다고 한다. 도미티아누스 황제에 의해 불경죄로 문책되어 순교했다. 로마의 콜로세움 옆에는 성 클레멘스에게 봉헌된 성당이 있다.

자들 사이에 퍼졌다고 한다. 이렇게 신앙에서 심벌이나 그림은 신과 사람들의 매개를 나타내는 것으로 중요한 의미를 지니게 되었다.

유럽에 정착한 그리스도교는 고대 축제의 풍습을 배제하거나 변용시키면서 사육제, 부활제, 5월제, 수호제, 크리스마스 등 성자들을 추앙하는 축제를 정착시켜 왔다. 이들 각종 축제의 성립 시기는 거의 같은데 가면, 달걀, 오월주(메이폴), 수호 인형, 전나무, 성자 상(像) 등의 형상이 등장한다. 이러한 심벌은 공동체 풍습에서 그리스도교의 행사로 옮겨오면서 종교적으로 정식화되고 권위가 더해졌다. 동시에 심벌은 그리스도교에 의한 공동체 아이덴티티를 생성하고, 무리를 결집시키는 데 그 기능을 발휘하게 되었다. 이후 유럽의 심벌이나 표식의 전통은 문장, 기, 각종 모노그램으로, 훗날에는 이코노그래픽으로 계승되어 유럽의 시각적 문화를 형성한다.

2. 독수리와 사자

독수리는 조류의 왕으로 용맹하고 과감한 성질을 지니고 있어, 이미 기원전 3000년경부터 메소포타미아의 전장기(戰場旗)와 인장 등에 새겨졌다. 특히, 독수리 심벌이 사랑받았던 배경에는 고대인의 새에 대한 신앙과 관련이 깊다. 하늘을 나는 새는 이 세상과 저 세상을 연결하는 초능력을 가지고 있는 것으로 믿어졌기 때문이다. 새에 의해 영혼이 저 세상으로 인도되기를 바라는 조장(鳥葬)의 풍습도 이런 세계관을 근거로 한다.

그리스 신화에서 독수리는 '천상의 신 제우스의 사자(使者) 혹은 무기 담당자'로서 '신성한 새'로 여겨졌다. 기원전 6세기경에 제작된 접시에 제우스와 독수리의 그림을 볼 수 있다.(그림50)

그림50 제우스와 독수리

또, 독수리는 왕권과도 연관되어 있다. 로마에서는 독수리 왕홀을 승리한 황제를 상징하는 것으로 여겨, 황제가 죽으면 독수리를 날려 저승 가는 길에 함께 보냈다고 한다. 게다가 베키시로이드에도 독수리가 장식되어 황제나 군대의 표식이 되었다. 이처럼 고대인들은 독수리를 신이나 황제를 나타내는 심벌로 여겼으며, 나아가 군대의 상징으로 존중해 독수리 표식에 내재되어 있는 힘에 대한 외경심을 가졌다.

F. 갈의 〈오스트리아의 문장학〉에 의하면, 카롤링거 왕조나 신성 로마 제국의 독수리 심벌은 고대 로마의 전통에 근거한다고 한다. 독일에서의 독수리 엠블렘은 800년에 카를 대제(샤를마뉴)가 황제로 등극했을 때, 아헨에서 도입한 것

카롤링거 왕조
메로빙거 왕조를 이어 프랑크 왕국의 후반을 지배한 왕조. 870년 이후 왕국은 3개로 분열되는데, 이탈리아계(系)는 875년에, 동프랑크는 918년에, 서프랑크는 987년에 각각 단절되고 동프랑크에서는 작센 왕조가 성립되고, 서프랑크에서는 카페 왕조가 성립된다.

카를 대제
카롤링거 왕조의 제2대 프랑크 국왕(재위 768-814). 샤를마뉴라고도 한다.

콘라트 2세
신성 로마 제국 잘리에르 왕조의 초대 황제(재위 1024-1039). 하인리히 2세의 아들로, 작센 왕조가 단절된 후에 국왕에 옹립되어 잘리에르 왕조를 열었다.

이 그 시초였다. 그 후, 독수리 심벌은 1029년에 콘라트 2세의 인장에 새겨졌다. 또, 12세기 중반 이후 하인리히 4세, 오토 4세, 프리드리히 2세에 의해 신성 로마 제국의 심벌이 되어, 마침내 방패나 인장뿐 아니라 문장에도 이용되었다.

  훗날 신성 로마 제국의 문장으로 유명한 쌍두 독수리는 원래 중동에 뿌리를 두고 있는 것으로, 그리스나 로마에서는 확인할 수 없다. 〈이미지 심벌사전〉에 의하면, 이것은 비잔티움에 유입되어 쌍두에 '동서 로마 제국의 통합'이라는 의미를 담아 황제가 이용했다고 한다. 쌍두 독수리가 신성 로마 제국의 문장이 된 것은 황제 지기스문트에 유래하는데, 1401년 그가 황제 대리이던 시절에 문장으로 제정하여 1433년에 문장화했다. 그 후, 신성 로마 제국은 독수리 문장을 대대로 계승했는데(그림51,왼쪽), 제국 붕괴 후인 1919년부터 오스트리아의 쌍두 독수리는 검과 십자보석 대신에 낫과 망치 －농민과 노동자의 상징－ 를 쥐고 있는 단두 독수리로 바뀌었다. 이때 황제 관(皇帝冠)에서 성벽 관(城壁冠)으로 바뀐다.

그림51 쌍두에서 단두 독수리로

특히, 1945년 이후의 공화국 문장은(그림51,오른쪽) 쇠사슬을 차고 있는 독수리 문양을 추가해, 제 2차 세계 대전 후 나치스로부터의 해방을 상징적으로 표현하고 있다. 이렇게 보면, 독수리의 모티브가 계속적으로 계승되면서도 정치 체제의 변천과 함께 각각의 장식 부분이 의도적으로 바뀌는 것은 시각적으로도 매우 흥미롭다.

유럽의 독수리는 이렇듯 신성 로마 제국의 황제 문장뿐 아니라, 1871년에 독일 제국이 성립되면서 프로이센 왕 빌헬름 1세가 베르사유에서 대관식을 거행했을 때도 이용되었다. 이윽고 문장이 통일 독일 제국의 문장으로 제정되고, 1919년에 바이마르 공화국이 탄생한 때도 기본적으로 이 문장이 계승된다. 나치스 시대에는 '국방군'이 하켄크로이츠의 원형 틀을 쥐고 있는 독수리를 도안화하고,(그림52,왼쪽) 전쟁 후 구 서독은 1950년에 현재의 도안으로(그림52,오른쪽)

빌헬름 1세
프로이센의 왕(재위 1861-1871), 독일 황제(재위 1871~1888). 1840년 형 프리드리히 빌헬름4세의 왕위 계승 예정자가 되었다. 1858년 왕이 병들자 섭정이 되었으며, 1861년 왕위에 오른 뒤에는 프로이센 군국화의 숙원을 실천에 옮겼다.

바이마르 공화국
1918년에 일어난 독일 혁명으로 1919년에 성립하여 히틀러의 나치스 정권 수립으로 소멸된 독일 공화국. 바이마르에 소집된 국민의회에서 그 골격을 규정한 바이마르 헌법이 채택되었기 때문에 이 이름이 붙었다.

그림52 나치스 시대 (왼쪽), 현재의 독일 군장 (오른쪽)

초기 고딕　　　　　후기 고딕　　　　　르네상스

그림53 독수리 문장의 변화

독수리 문장의 전통을 이어받는다. 이것으로도 알 수 있듯 봉건주의, 절대주의, 바이마르 공화주의, 나치즘, 전후(戰後) 민주주의와 같이 정치 체제가 바뀌어도 독수리의 모티브는 부분적으로 변경을 거듭하며 계승되었다. 이것만 보더라도 유럽의 역사가 얼마나 뿌리 깊은 전통을 가지고 있는지 이해할 수 있는 단면이다.

독수리 문장이 그려진 방패와 그 형태가 시대의 변화에 따라 어떻게 바뀌었는지 미학적 시점에서 비교해 보면, 그림 53은 초기 고딕, 후기 고딕, 르네상스 시대의 예이다. 먼저 방패의 형상은 초기 고딕 시대에는 하부가 날카로운 각을 이루고 있었으나 시간이 흐름에 따라 각이 원만해져, 후기 고딕에 이르러서는 완전히 둥그렇게, 르네상스에는 장식적인 형태로 바뀌었다. 마찬가지로 독수리 상(像)도 시대가 흐르면서 복잡하게 변형된다. 특히 날개, 머리, 다리에 각각의 특징이 보인다. —후기 사자의 형상과 유사한 경향이 있다—

사자는 고대 이집트, 메소포타미아, 그리스의 신화에 자주 등장하는데, 힘과 권위의 상징으로서 혹은 왕을 지키는 종자로서 회화나 릴리프 relief, 조각에서 평평한 면에 글자나 그림 따위를 도드라지게 새기는 일에 다수 그려져 왔다. 사자 문장은 제 1차 십자군 원정 이래 유럽에 도입되어, 기사의 용맹함을 나타내는 상징으로 숭배 받았다. 앞의 독수리가 주로 황제의 문장으로 이용되었기 때문에, 제후는 사자를 왕권의 상징으로서 기와 문장에 그려 넣었다.

그림54
리처드 1세의 사자 문장

사자는 영국이나 스코틀랜드 왕가의 문장으로도 널리 알려져 있는데, 사자 왕이라 불리는 리처드 1세가 1195년에 문장으로 이용했다.(그림54) 그러나 그 이전인 1158년경에 완성되어 앙주 Anjou, 프랑스 서부에 있던 옛 공국 의 백작 조프루아의 묘표에(그림55) '파란 방패에 6마리 혹은 그 이상의 사자' 가

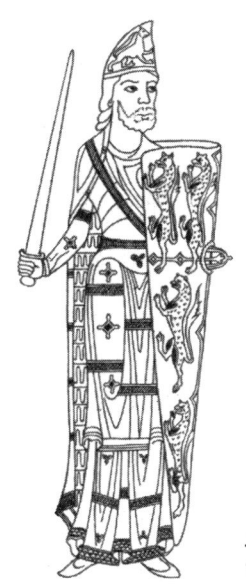

그림55
앙주의 백작 조프루아의 묘표 (모사)

리처드 1세
영국 플랜테저넷 왕조의 왕(재위 1189-1199). 헨리 2세의 셋째 아들로, 사자왕이라 불린다. 정치에는 무능했으므로 제후들의 세력이 재위 중에 다시 대두하는 일도 있었지만, 전투에서의 영웅적인 행위는 중세의 전형적인 기사로서 좋은 평을 받았다.

그려져 있다.

독일에서는 12세기 초에 벨프 가문 호엔슈타우펜 왕조에 대항한 독일의 귀족 가문 의 엠블렘이 되어 1152년에 벨프 6세가, 1154년에는 하인리히 사자공 벨프 가의 당주. 독일 작센공 겸 바이에른공 이 각각 인장으로 이용했다. 또, 1196년에 궁중백(宮中伯) 하인리히 폰브라운슈바이크가 처음으로 걷는 2마리의 사자를 도안화했다. 이것은 영국의 리처드 1세의 영향이라고 할 수 있다. 사자는 그 후 영국, 노르웨이, 벨기에, 핀란드, 체코, 네덜란드, 룩셈부르크, 덴마크, 불가리아 등의 나라의 국장이 된다.(그림56)

또, 사자 문장은 국장뿐 아니라 맥주 회사의 라벨에서도 볼 수 있다. 특히, 뮌헨의 '뢰벤브로이' 상표는 일반적으로 널리 알려져 있다.

문장에 나타나는 사자 상은 여러 형태로 변형되어 나타나는데 공통하는 특징으로는, 서서 걷는 모습과 문장학에서 말하는 오른쪽을 향하고 있다는 점이다. 오른쪽을 향하고 있는 점은 독수리 문장에도 보이는데, 그것은 문장학에서는 오

룩셈부르크

덴마크

불가리아

그림56 사자 국장

3장 | 주요 심벌과 모티브의 유래, 그리고 변천

른쪽이 우위를 나타내기 때문이다. 사자의 발톱 −3개 혹은 4개− 과 혀는 보통 몸과 다른 색으로 그려져 대조를 이룬다.

그러나 사자라는 동물은 본래 유럽에는 없었기 때문에 표범과 혼동되어 구별이 곤란한 경우도 있다. 물론 사자 상도 시대와 함께 변화하여 문장학에서는 유형화되어 있다. 그것을 미술 조류와 비교해 보면, 그림 57에 나타난 것처럼 12~14세기 중기 고딕 시대의 사자는 보통 서 있으며, 초기에는 털이 적었으나 시대의 흐름에 따라 차츰 많아진다. 14~15세기인 후기 고딕 시대가 되면 앞으로 조금 더 기울어진 모습으로 그려지고, 갈기의 털은 더욱 풍성해진다.

또, 방패의 형태도 독수리의 사례와 마찬가지로 초기 고딕에서 후기 고딕으로 갈수록 날카로운 형태에서 둥근 모양으로 변하며 계속해서 르네상스 시대로 옮겨가는 것을 확인할 수 있다.

초기 고딕

중기 고딕

후기 고딕

르네상스

그림57 사자 문장의 변화

3. 장미와 백합

장미는 아프로디테나 비너스 신화와 결합하여 '미의 여신'과 '사랑의 여신'을 상징하게 되었다. 장미는 초기 그리스도교에서는 '낙원의 상징'으로 카타콤 Catacomb, 초기 그리스도의 지하 묘지 에 그려진다. 중세에는 음유시인의 사랑의 징표로, 마상 창 시합의 승리자에게는 최고의 상으로 붉은 장미 화환이 증정되었다.

또, 이탈리아와 프랑스의 고딕 교회의 장미 창은 다채로운 스탠드글라스에 의해 구세주 그리스도를 둘러싼 장엄한 우주관을 나타내고 있다. 게다가 장미는 고대 여신 신앙에서 마리아 숭배로 이어졌고, 르네상스 시대의 회화에서는 마리아의 상징으로 그려졌다. 이처럼 장미의 모티브는 유럽에서 많은 사랑을 받았기 때문에 그것이 문장이나 배지에 도입되는 것은 당연한 귀결이었다.

초기 문장에 등장하는 장미 무늬는 꽃잎이 다섯 장인 들장미를 도안화한 것이다. H. 발트너의 〈최고(最古)의 문장〉에 의하면, 독일 최초의 장미 심벌은 1185년에 에버슈타인 백작 가문의 문장과 에버하르트 백작의 인장에서 찾아볼 수 있다. 그 후, 장미 문장은 빌덴페르스 남작 가문이나 도시 문장으로도 이어진다.

독일에서는 장미 문장이 그리 많이 이용되지 않았지만, 유명한 것으로 루터가 사용한 장미 십자가 문장(그림58)이 있다. 이것은 흑십자를 중심으로 붉은 하트, 다섯 장의 은빛 꽃잎 장미, 금빛의 원이 차례로 둘러쳐져 있는 도안이다. 이 장미는 문장의 모티브뿐 아니라, 장미 십자회의 엠블렘이나 괴테의 시 '들장미',

그림58 루터의 장미 십자가

릴케의 묘비명 등에서도 볼 수 있다.

그러나 문장학적으로는 프랑스의 프로방스 지방을 발상지로 한 장미 문장이 더 유명하다. 이곳을 기원으로 장미 문장이 영국에 유입되었기 때문이다. 영국에 장미 문장을 처음으로 도입한 사람은 프로방스 출신의 헨리 3세의 아내 앨리너이다. 그의 아들 에드워드 1세가 이용한 '황금의 장미 배지'는 랭커스터 가문의 붉은 장미로 이어진다.

랭커스터 왕조의 붉은 장미와 요크 왕조의 백장미는 왕위 계승을 둘러싸고 그 유명한 장미전쟁을 불러일으킨다. 이 왕위 계승 전쟁에서 서로의 상징인 배지를 달고 싸웠는데 대립 투쟁은 랭커스터 가문의 계승자인 헨리 7세와 요크 가문의 엘리자베스와의 결혼에 의해 수습되었다. 튜더 왕조의 개조(開祖)인 헨리 7세는 문장을 그림과 같이 붉은 장미와 백장미를 합성해 화해의 의미를 담았는데, 이것이 튜더 로즈(그림59)로 현재에 이르고 있다.

백합은 '청순 무구'의 상징으로서 중근동, 그리스에서 오래전부터 장식 문양의 대상이나 여신의 화환이 되었다. 또, 신화에서 백합은 헤라의 밀크에서 만들어졌다고 하며, 초기 그리스도교에서도 천국이나 천상의 초원에 돋아 있어 일

랭커스터 왕조
플랜태저넷 왕조의 뒤를 이은 영국의 왕조(1399-1461).

랭커스터 왕조의 계보
헨리 4세(1399-1413)
헨리 5세(1413-1422)
헨리 6세(1422-1461)

요크 왕조
랭커스터 왕조의 뒤를 이은 영국의 왕조(1461-1485).

요크 왕조의 계보
에드워드 4세(1461-1483)
에드워드 5세(1483)
리처드 3세(1483-1485)

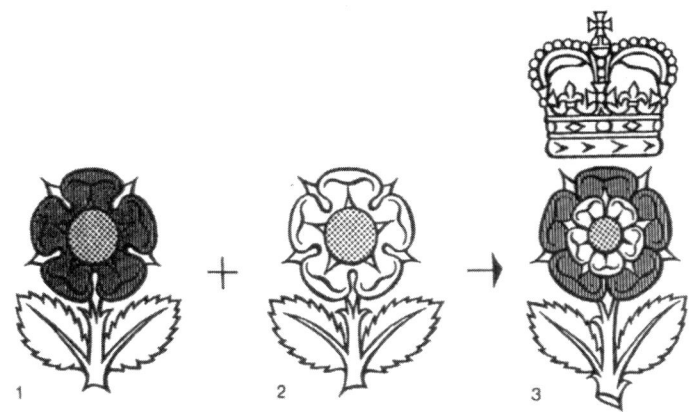

그림59 튜더 로즈의 성립

장미 전쟁
1455-1485년에 있었던 영국의 내란.
랭커스터 왕가는 개조(開祖) 헨리 4세가 리처드 2세로부터 왕위를 빼앗은 것이라고 주장하며, 헨리 6세 때 요크공(公) 리처드가 왕위 계승권을 주장했다. 여기에 귀족 간의 싸움이 결부되어 내란이 일어났다. 이 내란의 본질은 귀족 전쟁이라는 점에 있다. 장미전쟁이라는 이름은 랭커스터 왕가가 붉은 장미, 요크 왕가가 흰 장미를 각각 문장으로 삼은 것에서 유래한 것이나, 내란 당시에는 요크 왕가의 흰 장미만이 존재했다.
1460년 리처드가 전사하여 장남 에드워드가 그 뒤를 이었다. 1461년 에드워드는 랭커스터 왕가를 격파하고 헨리 6세를 국외로 추방했다. 에드워드는 이 싸움 직전에 즉위하여 에드워드 4세라 칭하고, 요크 왕조를 열었다. 에드워드 4세의 뒤를 이어 12세 된 장남이 에드워드 5세로서 즉위하였으나 왕통이 확립되지 못하고, 에드워드 4세의 동생 글로스터공 리처드가 에드워드 5세를 살해하고 자신을 리처드 3세라 칭한다. 이 무렵 대륙에 망명해 있던 랭커스터 왕가의 리치먼드 백작 헨리 튜더는 1485년 리처드 3세를 물리치고 30년에 걸친 장미전쟁은 막을 내렸다. 헨리는 즉위하여 헨리 7세라 칭하고 튜더 왕조를 열었다.

튜더 왕조
절대주의 시대의 영국의 왕조(1485-1603). 장미전쟁을 수습하고 즉위한 헨리 7세가 시조이다.

튜더 왕조의 계보
헨리 7세 (1485-1509)
헨리 8세 (1509-1547)
에드워드 6세 (1547-1553)
메리 1세 (1553-1558)
엘리자베스 1세 (1558-1603)

찍이 그리스도와 마리아의 상징이 되었다.

일설에 의하면, 백합 문장의 기원은 프랑크 왕국의 초대 국왕인 클로비스까지 거슬러 오른다. 클로비스 왕은 알레마니 족과의 전투에서 위기를 맞이하는데, 그때 그리스도교로 개종하겠다고 맹세하는 기도를 신에게 올리자, 천사가 백합을 내밀며 이것을 검으로 하라는 명을 받는다. 마침내 클로비스 왕은 전쟁에서 승리하고, 백합을 심벌로 했다는 전설이 남아 있다. 그러나 이 기원에는 이설이 많다. 원래 백합이 아니라 창끝이라는 설, 꿀벌이 변형된 것이라는 설, 붓꽃 혹은 아이리스 꽃이라는 설 등 어느 것이 옳은지는 알 수 없다.

어찌되었든 백합 문장은 프랑스 루이 7세의 통치하인 1166년경부터 이용되기 시작하여 필리프 2세, 루이 8세의 통치 시대에 걸쳐 카페 왕조의 인장과 기에도 나타난다. 그러나 최고의 채색 문장은 샤르트르의 주교좌성당에 그려진 것으로 보고 있다. -1220년경으로 추정된다- 백합이 정식으로 프랑스 국왕의 문장(그림60)으로 제정된 것은 샤를 5세 통치하인 1376년으로, 파리를 비롯하여 프랑스 각지의 도시 문장에도 도입되었다.

영국에서는 에드워드 3세가 1340년에 그림 61과 같이 표범 -사자- 무늬에 백합 무늬를 덧

클로비스 왕
프랑크 왕국의 초대 국왕(재위 481-510)이자, 메로빙거 왕조의 창시자. 알라마니 족을 정복한 직후에 세례를 받아 로마 가톨릭으로 개종했다. 이는 로마 교황과의 우호 관계를 보증하는 일이어서 장래 프랑크 왕국 발전의 중요한 포석이 되었다. 511년 파리에서 죽었는데, 사후에 게르만의 관습에 따라 왕국은 4개로 분할 상속되었다.

카페 왕조
프랑스의 왕조(987-1328). 일반적으로 중세의 직계 14대 카페 왕조(987-1328)를 가리키나, 넓게는 그 후의 방계, 즉 발루아 왕조(1328-1589), 부르봉 왕조(1589-1848)도 포함한다.

카페 왕조의 계보
위그 카페(987-996)
로테르 2세(996-1031)
앙리 1세(1031-1060)
필리프 1세(1060-1108)
루이 6세(1108-1137)
루이 7세(1137-1180)
필리프 2세(1180-1223)
루이 8세(1223-1226)
루이 9세(1226-1270)
필리프 3세(1270-1285)
필리프 4세(1285-1314)
루이 10세(1314-1316)
장 1세(1316)
필리프 5세(1316-1322)
샤를 4세(1322-1328)

그림60 프랑스 왕국의 백합 무늬   **그림61** 에드워드 3세의 문장

붙였다. 그 이유는 어머니 쪽의 혈육이 프랑스 왕가 출신으로 왕은 필리프 4세의 손자에 해당해, 프랑스 카페 왕조가 끊겼을 때 왕위를 계승할 권리를 주장하기 위해서였다. 이것은 후에 백년전쟁의 계기가 된다. 백합 문양이 영국 왕의 문장에서 사라진 것은 1801년 이후이다.

주교좌성당
주교를 두고 있는 교구 전체의 모성당(母聖堂)이다. 주교좌에는 교구 내의 사목(司牧), 홍보, 교육 및 관리 등을 관장하는 기구를 두며, 주교를 보좌하는 교구참사회(敎區參事會)가 있다. 주교좌성당 건축은 4세기의 바실리카로부터 로마네스크를 거쳐 12세기 말부터 13세기에는 장엄하고 화려한 고딕 양식으로 발전, 동방에서는 비잔틴 건축 양식을 낳았다.

샤를 5세
프랑스 발루아 왕조의 왕(재위 1364-1380).

필리프 4세
프랑스 카페 왕조의 왕(재위 1285-1314). 수수께끼 같은 인물로, 평판도 다양했다. 그러나 프랑스의 통일 체제를 처음으로 갖췄고, 왕권 신장에 중요한 계기를 마련했다.

3장 | 주요 심벌과 모티브의 유래, 그리고 변천   93

그림62 피렌체의 백합 무늬

이탈리아의 피렌체는 '꽃의 도시'로 알려져 있는데, 시(市)의 문장은 백합 문양이다. 그 뿌리를 되짚어보면, 1182년 이래 이미 동전에 현재의 원형을 볼 수 있으며, 이것이 인장을 거쳐 문장화된 것이다. 피렌체의 백합은 프랑스의 것과 조금 달라, 그림 62를 보면 알 수 있듯이, 꽃잎 사이에서 다시 두 송이의 꽃창포가 나와 꽃을 피우고 있다.

또, 피렌체와 프랑스의 관계에 대해서, 재물을 모은 대부호 메디치 가문이 루이 11세를 재정적으로 원조하기 위해 메디치 가문의 문장에 백합을 추가했다는 일화도 있다. 원래 메디치 가문은 약제상이었기 때문에 문장 안에 환약을 본뜬 여섯 개의 붉은색의 환을 그려 넣었으나, 위쪽에 있는 붉은 환 하나를 부르봉 왕가의 백합 무늬로 바꾸어 이 문장이 계승되었다.

백년전쟁
프랑스 내 영국령과 모직물 산지인 플랑드르에 대한 지배권을 둘러싸고 일어난 전쟁으로 1337년부터 1453년까지 116년 동안 계속되었다. 전쟁의 계기는 1328년 프랑스에 발루아 왕조가 들어서는 와중에, 영국이 왕위 계승에 대한 우선권을 주장하면서 프랑스 노르망디에 군대를 주둔한 것에서 비롯된다. 전쟁 초기는 프랑스에 불리했으나, 프랑스의 영웅 잔 다르크의 출현으로 전세는 완전히 역전되어 프랑스가 영국군을 몰아내고 백년전쟁을 승리로 이끌었다.
백년전쟁은 프랑스와 영국이 봉건 체제에서 중앙 집권 체제로 가는 계기를 마련했다는 점에서 중요한 의미를 가진다. 백년전쟁의 승리로 프랑스는 왕권이 강화되고 중앙 집권 체제가 발전했다.

메디치 가문
이탈리아 르네상스의 보호자로서뿐만 아니라, 피렌체 공화국과 토스카나 공국의 지배자로서 유명하다. 조반니 디 비치는 상업과 교황청의 은행가로서 거금을 모았다. 그의 아들 코시모 데 메디치는 피렌체 공화국의 발전에 기여한 공으로 '국부(國父)'의 칭호를 받았다. 손자 로렌초 데 메디치 때, 피렌체와 메디치 가의 번영은 정점에 달해 피렌체의 르네상스 문화가 최고조에 이른다. 메디치 가문의 직계는 마지막 생존자인 안나 마리아 루드비카가 1743년에 사망하면서 그 명맥이 끊어졌다. 가문의 마지막 생존자인 안나 마리아는 메디치 가문이 수백 년 동안 모아 온 소장 예술품과 수집품을 모두 국가에 헌납하고는 '단 한 점도 피렌체 밖으로 옮기지 말 것'이라는 유언을 남겼다.

루이 11세
프랑스 발루아 왕조의 왕(재위 1461-1483). 프랑스의 중앙 집권 체제를 확립했다. 권력 의지의 화신처럼 냉혹했고 현실주의적이어서 국토 개발에 진력했다.

4. 십자가와 열쇠

십자가는 그리스도교의 심벌로서 너무나도 유명하다. 그런데 〈고대 문화사전〉에 의하면 기원전부터 아시리아에서는, 십자가가 '태양'의 상징이었다. 또, 십자가는 인도의 스와스티카 卍자 무늬, 하켄크로이츠, 이집트의 앙크 이집트 십자, 켈트의 십자가 등 각지에서 사용된 예를 찾을 수 있다.

초기의 그리스도교도는 우상 숭배를 피했기 때문에, 십자가가 그리스도의 심벌이 된 것은 약 4세기 이후이다. 이것이 마침내 기 등에 그려졌고, 십자 문장은 십자군 이전에도 볼 수 있었지만 보통 그 유래는 앞에서 말했듯이 제 1차 십자군 원정의 참가자가 표식을 위해 사용한 것에서 기인한다. 즉, 원정의 발단이 되었던 클레르몽공의회에서 교황 우르바누스 2세가 붉은 십자가 표식을 십자군의 상징

클레르몽공의회(Council of Clermont)
프랑스 중부 산지의 클레르몽에서 개최한 종교 회의로, 1130년까지 모두 7번 열렸다.

십자가
그리스
몰타
성 안토니우스
라틴
대주교
골고다
성 안드레아

으로 하여 성지 탈환을 부르짖었기 때문이라고 한다.

그 후, 문장의 발전과 함께 십자가의 모티브는 즐겨 사용되어 다양한 변형이 만들어졌다. 문장학에서는 각각의 형태에 명칭이 붙어 있는데, 그 일부 형상을 그림 32에서 볼 수 있다. 십자가를 사용한 국기로는 영국, 스위스, 덴마크, 그리스, 아일랜드, 노르웨이, 스웨덴, 핀란드 등이 있고, 도시 문장으로는 켈트, 빈, 제노바, 밀라노, 파도바, 도리아, 마르세유 등에 사용되고 있다.

십자 문장은 앞에서 말한 국기, 도시 문장뿐만 아니라 가톨릭교도의 문장으로도 사용되었다. 당초 교단에 문장이 도입된 것은 13세기경으로, 기사나 군주의 문장이 권위의 상징으로 정식화되면서, 교단도 문장을 통해서 종교적인 권위를 과시하려고 했던 것은 시대의 당연한 귀결이었다.

요한 22세는 기사의 완전문장과 유사한 삼중관(三重冠), 성배, 교차한 열쇠로 이루어진 교황 문장을 이용했다. 그리고 선출된 교황은 교황 문장 안에 자신의 출신을 나타내는 문장을 적절한 곳에 배치했다.(그림63)

십자가를 사용한 국기

영국

스위스

덴마크

그리스

아일랜드

노르웨이

스웨덴

핀란드

우르바누스 2세
제159대 교황(재위 1088-1099). 제 1차 십자군 원정을 위해 클레르몽공의회를 소집했다. '모든 세계를 십자가 아래' 라는 기치 아래 십자군을 결성했다.

요한 22세
제 196대 교황(재위 1316-1334). 독일 국왕 루트비히 4세와의 다툼 끝에 1324년에 국왕을 파문하기도 했다.

그림63 교황 문장

이렇게 교황을 정점으로 하는 가톨릭의 체계는 문장에 의해 위계마다 구분되었다. 그림 64는 십자가를 중심축으로, 추기경은 붉은 추기경 모자와 좌우에 15개의 붉은 술, 대주교는 초록색의 모자와 좌우에 15개의 초록 술, 주교는 초록색 모자와 좌우에 10개의 술, 사제는 초록색 모자와 좌우에 6개의 술, -영주주교는 검과 동수의 지팡이를 교차시킨다- 대수도원장이나 사교좌 교회의 수도사제는 초록색 모자와 좌우에 3개의 초록 술 장식으로 정해졌다. 14세기 이후에는 방패를 사분할하여 대주교는 1과 4의 구분면에 사교 무늬를, 2와 3에는 그 출신 가문 문장을 배치한 일도 있었다.

추기경

주교

사제

그림64 가톨릭의 문장 체계

프로테스탄트는 로마 가톨릭 체계를 비판했기 때문에 문장 제도를 도입하지 않았다. 따라서 프로테스탄트 문장은 존재하지 않지만, 인장을 이용한 사실은 있다. 앞에서 언급한 루터의 장미 십자 문장, 멜란히톤의 T자형 십자(Tau Cross)와 뱀 문장,(그림65) 칼뱅의 하트 문장 등은 모두 가문의 문장이다.

그런데 종교적 상징인 십자 문장과 어깨를 나란히 할 정도로 자주 이용되었던 열쇠 문장은 마

사교좌 교회(Cathedral church) 대주교가 재임하고 있는 격이 높은 교회이다. 카테드랄은 대주교좌 성당으로 불리기도 한다.

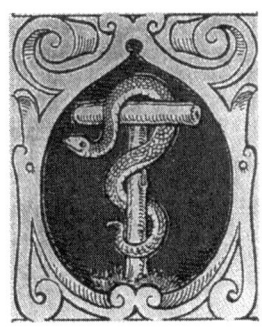

그림65 멜란히톤의 T자형 십자와 뱀 문장

루터(Luther, 1483-1546)
독일의 신학자이자 종교개혁가. 비텐베르크 대학교에서 성서학 강의를 시작하면서, 하느님은 인간에게 행위를 요구하는 것이 아니라 예수 그리스도를 통해 인간에게 접근하고 은혜를 베풀어 구원하는 신임을 재발견했다. 그 결과가 당시 교회의 관습이 되어 있던 면죄부 판매에 대한 비판으로 1517년 '95개조 논제'가 나왔는데, 이것이 큰 파문을 일으켜 마침내 종교개혁의 발단이 되었다.

멜란히톤(Melanchthon, 1497-1560)
독일의 인문주의자 종교개혁가. 프로테스탄트 최초의 신앙 고백인 〈아우크스부르크 신앙 고백〉을 썼으며, 독일의 중등 교육기관인 김나지움 설립에 이바지했다.

칼뱅(Calvin, 1509-1564)
프랑스의 신학자이자 종교개혁가. 루터의 종교개혁에 영향을 받아 프랑스에서 개혁을 주도했으나 실패하고 스위스로 망명해 제네바를 중심으로 신권 정치에 기반을 둔 엄격한 개혁을 주장했다.

태복음 제6장에서 예수가 베드로에게 다음과 같이 말한 것에 유래한다. "…… 나는 이 바위 위에 내 교회를 건설하겠다. 황천의 힘도 그것을 꺾을 수 없을 것이다." 이렇게 해서 베드로는 예수에게서 '열쇠의 권력'을 위양 받음에 따라 주의 권능을 받은 것이다. 이윽고 이것은 로마 교황에게 위양되고, 가톨릭의 권위의 상징으로서 열쇠가 중요한 종교적 모티브가 된다.

J. 브루너에 의하면, 열쇠가 엠블렘 등의 모티브가 된 것은 13세기 이후라고 한다. 그로부터 14세기에는 열쇠의 교황 문장이, 15세기에는 바실리카 문장이 등장한다. 후자는 바실리카(파빌리온) 우산을 삼중관 대신에 이용한 것이다.(그림66)

스위스에서는 1291년 계약 동맹이 맺어질 때, 열쇠 인장이 니트발덴 칸톤 주의 문장의 근간이 되었다. 현재 이중 열쇠는 1422년 알베도 전투 때의 기인(旗印)으로 사용되었던 것에 유래한다.(그림67, 위쪽)

독일에서도 열쇠는 몇 곳의 도시 문

그림66 바실리카 문장

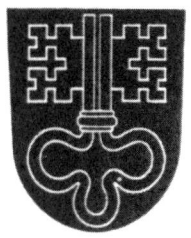

니트발덴 주

나르본

오스텐데

지브롤터

그림67 열쇠 문장

장이 되었으며, 대도시로는 브레멘이 알려져 있다. 그런데 쾰른이 사교좌 소재지였던 까닭에서인지 열쇠의 도시 문장은 라인 지방에 많고, 가장 오랜 된 것은 칸톤 마을의 문장이다. 이것은 은색과 검은색을 기조로 고딕 양식의 열쇠를 교차시킨 도안인데, 칸톤은 1228년에 도시법을 제정하고, 쾰른과의 연대가 강해지자 베드로의 열쇠를 심벌화했다. 그 밖에 독일뿐 아니라 프랑스의 나르본, 벨기에의 오스텐데, 이베리아 반도의 지브롤터 등에서도 보인다.(그림67)

열쇠 문장이 도시 공동체 -훗날 주

3장 | 주요 심벌과 모티브의 유래, 그리고 변천   99

(州)도 포함한다— 에 비교적 많은 것은 도시 성립 경위와 밀접한 관계가 있다. 대부분의 도시가 성벽에 둘러싸여 하나의 공동체를 형성하고 있어, 외적의 공격에 하나가 되어 협력하고 대처하기 위한 심벌이 필요했다. 이때 열쇠는 도시를 지키는 심벌로, 흔히 접할 수 있는 성경에서는 신의 권위를 상징하는 것으로 나와 있기 때문에 주민들이 쉽게 받아들였기 때문이다.

제4장
문장과 기로 보는 유럽사

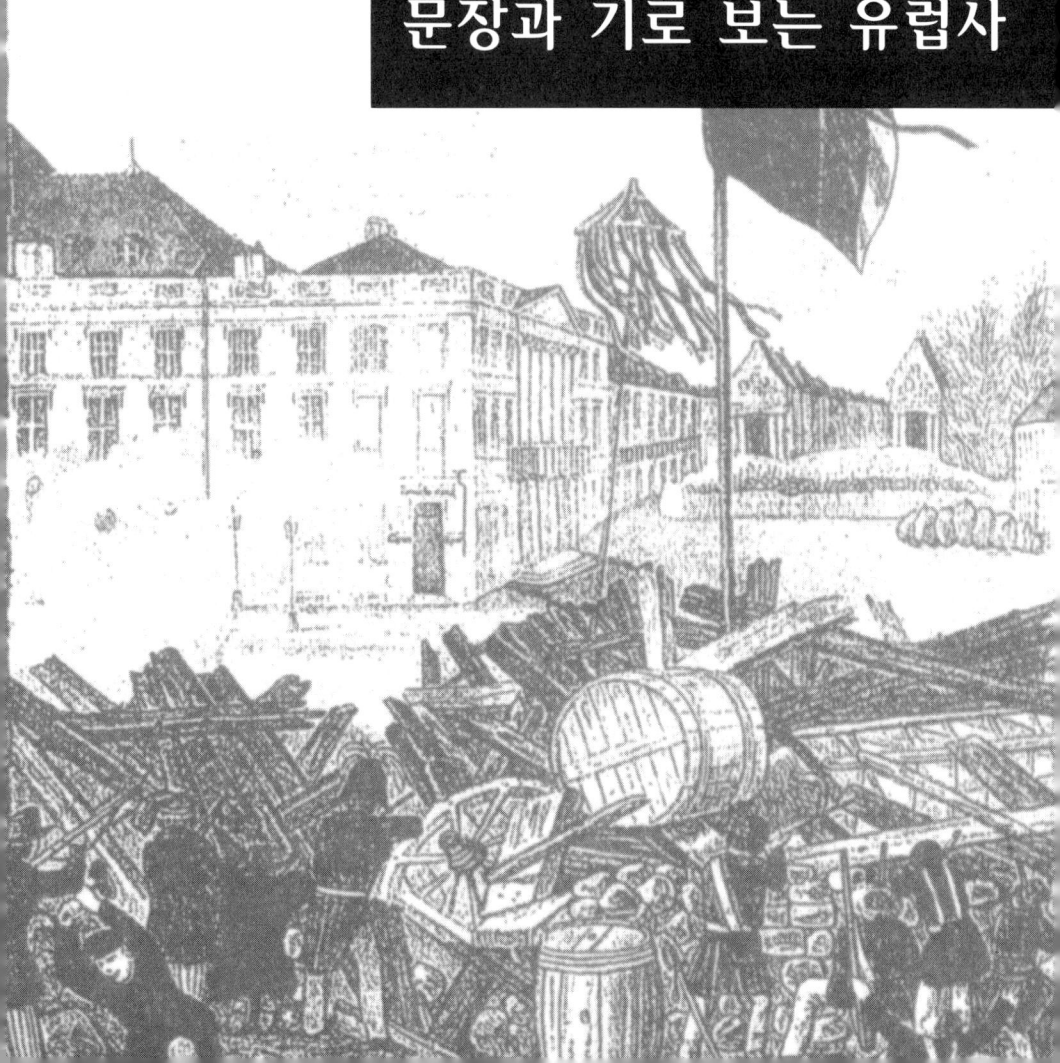

4 장
문장과 기로 보는 유럽사

1. 문장과 봉건제도

　문장에는 응축된 메시지가 담겨 있다. 그 시각적인 상징은 역사 연구에 있어서도 자료로서 충분한 가치를 지닌다. 이제까지 문장은 호사가의 취미의 대상으로밖에는 여겨지지 않았다. 그러나 문장을 통해 중세 이후의 역사나 사회의 변화를 살펴보면, 왕이나 귀족의 가계, 인척 관계를 명확하게 알 수 있을 뿐 아니라 문장과 봉건제도, 절대주의 왕정, 프랑스 혁명 등과 밀접한 정치적, 사회적 관계가 한눈에 들어온다.
　중세에는 주군이 신하에게 봉토를 주고 신하를 보호하는 대신에, 신하는 주군에게 충성을 맹세하는 계약이 이루어졌다. 이것이 이른바 봉건제도로, 이 계약은 일대(一代)에 그치는 것이 아니라 봉토는 그의 아들 혹은 근친자에게 물려지는 세습제에 의해 고정화되어 간다. 이렇게 봉건제적인 신분 제도는 보다 확고해진다. 여기에서 주목할 만한 것은 봉건제도의 전성기에 문장이 성립했다는 사실이다. 이것은 왕이나 귀족의 특권이 세습화하는 것과 문장의 발달이 긴밀하게 관계하고 있음을 의미한다.

H. 발트너의 〈최고(最古)의 문장도〉에는 문장의 성립과 계승 경위가 잘 나타나 있다. 그에 따르면, 1125년부터 1135년 사이에 프랑스 북부와 영국 귀족에 의해 시작된 문장의 관습은 80년 이상 걸려서 유럽의 북서부로 전파해 간다. 1180년경까지는 문장의 수가 느리게 증가하지만, 그 후로 급속히 퍼져 1210년경부터는 문장 제도의 보편적인 확립으로 옮겨간다. 이렇게 문장은 13세기경 기사 개인을 식별하는 표식에서 세습화하고, 특히 왕이나 귀족의 가계를 나타내는 심벌로 제도화된다.

이것으로 알 수 있듯이, 문장은 12~13세기의 봉건 시대에 유럽의 광범위한 지역에서 비교적 단기간에 확산되었다. 문장의 전파에는 분명 십자군 원정이 어느 정도 큰 역할을 맡았다. 하지만 그 이상으로 문장이 번성한 근본적인 이유는, 이것이 시각적으로 봉건적 신분 제도와 세습제를 나타내는 데 적절한 심벌이었기 때문이다. 봉건제도에서 주종 관계를 맺을 때, 무릎을 꿇은 신하는 주군에게 손을 내밀어 충성을 맹세하고 주군은 신하에게 봉토를 상징화한 흙덩이나 군역을 의미하는 검이나 창, 기(旗) 등을 주곤 했다.(그림68)

그림68 카를 대제에게 기를 수여받는 로란트

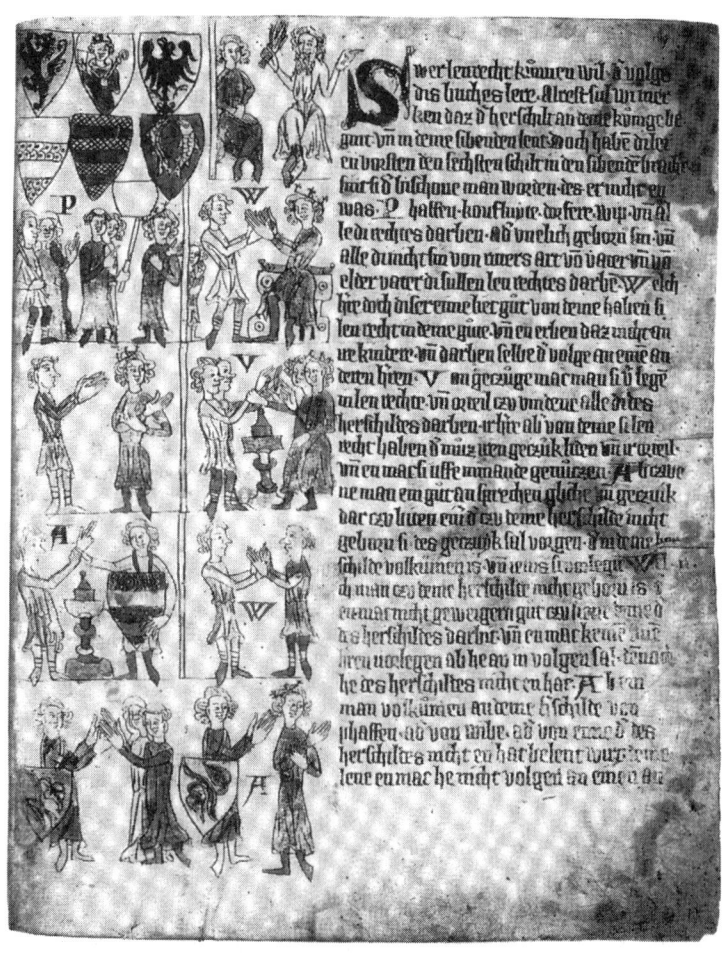

그림69 작센 슈피겔의 헤르실트

기사 서임식의 의례에서도 검으로 목덜미를 가볍게 때리는 상징적인 의식을 행하고 있다. 이 의례의 행위인 검, 창, 기 등은 식자 능력이 없는 자가 대부분이던 당시 사람들에게 계약을 시각적으로 상징화하여 전하는 수단이었다. 또, 당시 부적 등의 관습이 보여주듯이 이들 상징에는 영적인 힘이 존재한다고 믿었다. 그런 의미에서 보더라도 중세도 행위나 심벌이 매우 중요한 역할을 맡고 있었다.

신분 제도와 문장의 관계는, 독일 최고의 법률서라고 할 수 있는 〈작센 슈피겔〉에 그림 해설 형식으로 시각적으로 설명되어 있다. 우선 중세 독일의 봉건제 신분 제도를 나타내는 헤르실트(Heerschild)제 −원래 뜻은 군의 방패 문장을 의미− 는 7단계로 구분된다. 즉, 첫 번째로 국왕, 두 번째는 주교나 수도원장 등의 성직자, 세 번째는 제후, 네 번째는 자유 귀족, 다섯 번째는 참심(參審) 자유인 Schöffenbarfreie, 처음에는 재판에 참여했지만, 나중에 대토지 소유자 및 자유 귀족의 봉신, 여섯 번째로 그의 가신 및 하인, 일곱 번째는 〈작센 슈피겔〉에는 분명하지 않으나, 봉을 받을 수만 있고 줄 수는 없는 기사가 위치해 있다. 물론 그 밑의 농민은 실트(Schild, 방패)를 가지고 있지 않다. 이 같은 신분 제도가 문장에 의해 도식화되었다는 점은 주목할 만한 가치가 있는 사실이다.

우선 〈작센 슈피겔〉의 그림 69 −단, 당시 문장학이 성립하지 않았기 때문에 좌우는 보이는 그대로이며 오른쪽이 우선− 에서는 첫 번째로 '국왕의 독수리 문장', 두 번째로 '고위 성직자의 문장', 세 번째로 '제후인 마이센 변경백 문

작센 슈피겔(Sachsen Spiegel)
기사 아이케 폰레프고가 각 지방의 재판소에서 참심원(參審員)으로서 일한 경험을 바탕으로 작센 지방의 관습법을 성문화한 것이다. 개인이 편찬한 것이기는 하지만 법전과 같이 취급되며, 번역본이나 그림 해설책 등으로 보급되어 봉건제도 연구의 중요한 사료가 된다.

그림70 황제 지기스문트에 의한 봉토 수여

장', 네 번째로 '자유 귀족 문장인 두 마리의 물고기로 베르니게로데 백작 문장'의 순서로 그려져 있다. —나머지는 알 수 없다— 왼쪽의 4단계에서도 두 사람의 인물이 묘사되어 있는데, 방패 문장을 목에 걸고 있는 기사 출신이 방패가 없는 농민을 제지하고 있다. 분명히 헤르실트제는 실제적으로 '군의 방패(문장)' 그 자체를 가리키기보다는 신분 계층을 나타내는 것에 역점을 두었다는 사실이다. 이렇듯 방패가 신분을 상징하는 것은 봉건제도와 문장이 밀접한 관계에 있음을 말해 주는 것이다.

또, 각각의 헤르실트가 원칙적으로 세습되고, 중세의 일반법과 봉건법에 의해 신분이나 봉토가 계승되는 동시에, 그림으로 그려진 문장도 다음 세대로 이어져 가게 된다. 이렇게 봉건제도는 구체적으로 눈에 보이는 문장이라는 형태를 통해서 봉토의 지배권을 세습시키고 있음을 알 수 있다. 또한, 이와 같은 복잡한 신분 제도는 독일의 연방 분립의 요인이 되고, 문장의 숫자도 증가하게 된다.

문장이 신분을 상징하게 되자, 자기 마음대로 똑같은 문장을 사용함에 따라 큰 분쟁이 일어날 우려가 생겼다. 이 때문에 문장 재판이 벌어지게 되었다. 따라서 문장관이 생기고, 문장의 오용과 부정을 막기 위해 규칙을 정하고 통괄할 필요가 있었다. 이후, 문장의 권위가 더욱 높아지자 신성 로마 제국에서는 14세기 이후, 특히 금인칙서로 유명한 카를 4세가 귀족 가계에 증서를 발행하여 문장을 보증하게 되었다.

그림 70은 콘스탄츠공의회 때, 황제 지기스문트가 뉘른베르크의 백작에게 마르크 브란덴부르크의 봉토를 주는 장면이다. 검은

독수리의 황제 문장과 그 아래의 브란덴부르크 문장, 압인(押印)한 증서 등이 그려져 있다.

또, 그림 71은 작센 선제후의 문장을 중앙부에, 그 주변에 신하의 문장을 배치하고 있다.

요컨대 문장은 이상의 예로도 명백히 알 수 있듯이, 본래의 군사적 목적이 아니라 신분 제도를 구체적으로 나타내는 시각적인 상징으로 판화나 회화에 많이 그려졌다. 이렇게 황제나 국왕이 문장의 사용 허가권을 장악하고 지배의 도구로 삼았다. 그리고 정치적 이유나 공적에 따라 군주가 문장을 하사하거나 가증문(加增紋)을 허락하는 일도 있어서, 이것은 훈장과 유사한 역할을 맡았다.

금인칙서(Goldene Bulle)
1356년 신성 로마 제국의 황제 카를 4세가 뉘른베르크 및 메츠의 제국의회에서 발표한 제국법. 이 법령은 교황이 정치 문제에 간섭하는 것을 막고 선제후들의 입지를 확고하게 만드는 데 목적이 있었다. 이 명칭은 이 칙서의 중요성을 나타내기 위해 황금으로 만든 인새(bulla)로 칙서를 승인한 데서 나왔다. 이 칙서에서는 신성 로마 제국의 황제 선출을 7명의 선제후가 맡는데, 마인츠·쾰른·트리어 등의 3대 주교와 보헤미아 왕, 작센공(公), 브란덴부르크 변경백, 팔츠백(伯) 등 4명의 제후로 구성한다고 되어 있다. 선거는 다수결로 결정하되 마인츠 대주교가 맨 나중에 투표한다.

카를 4세
신성 로마 제국의 황제(재위 1346-1378). 1356년 금인칙서를 공포하였다.

콘스탄츠공의회(Council of Konstanz)
신성 로마 제국의 황제 지기스문트가 제안하여 교황 요한 23세가 소집했는데, 300명 이상의 주교, 100명 이상의 대수도원장, 고위 성직자들, 신학자, 교회 법학자, 통치자들이 참석하여, 유럽에서의 대분열을 종식시키고 이단을 추방함으로써 교회 개혁에 박차를 가했다. 이때 교회는 로마계 그레고리우스 12세, 아비뇽계 베네딕투스 13세, 공의회파 요한 23세의 3파로 나뉘어, 각기 자신의 정통성을 주장하면서 이른바 교황 정립 시대를 맞아 교회 사상 최대의 혼란을 겪고 있었다. 이에 교회의 일치를 최대의 목표로 삼은 공의회는 베네딕투스 13세를 폐위시키고, 그레고리우스 12세를 설득하여 자진 퇴위케 했다. 그리고 후임으로 마르티누스 5세를 선출함으로써 유럽 교회의 대분열을 종식시키고 난국을 수습했다.

선제후(選帝侯)
중세 독일에서 황제 선거의 자격을 가진 제후로, 선거후, 선정후라고도 한다. 13세기에는 마인츠, 쾰른, 트리어의 각 대주교, 라인 궁중백, 작센공(公), 브란덴부르크 변경백이, 13세기 말부터 위의 6사람과 보헤미아 왕이 참가한 7선제후가 선거권을 독점했다.

그림71 작센 선제후의 문장과 통치

2. 신성 로마 제국과 문장

신성 로마 제국은 962년부터 1806년까지 오랜 역사를 가지고 있지만, 살펴본 바와 같이 독수리 심벌은 고대 로마의 전통에 기인했다는 사실은 널리 알려져 있다.

하인리히 4세 이후, 문장은 황제권과 결합해, 통치의 권위를 나타내는 정치적인 역할을 맡고 19세기까지 계승된다. 그 사이 역대 황제는 문장의 오용이나 자의적인 사용을 금지하기 위해 집행 기관으로 궁중백(宮中伯) 문장관을 통해 문장 사찰을 한다.

영국에서는 문장을 더욱 철저하게, '순검(巡檢)' 이라 부르는 정기적인 귀족 문장 사찰이 제도화되었다. 신성 로마 제국 내에서는 그렇게 엄격하고 정기적인 문장 제도가 행해지지 않았다. 그럼에도 불구하고 기록에는 자의적인 문장 사용을 막는 금지령을 확인할 수 있다. 금지령을 내렸던 주요 황제와 금지령이 반포된 연도를 소개하면, 프리드리히 3세(1467년), 페르디난트 2세(1630년), 레오폴트 1세(1658년, 1682년), 카를 6세(1711년), 카를 7세(1742년), 프란츠 3세(1805년)이다. 이 같은 사례에서도 문장을 둘러싼 문제가 상당히 많았음을 알 수 있다.

그림 72는 신성 로마 제국이 연방 국가로 분리되지 않고, 아직 제국의 형태를 이루고 있던 시대의 것이다. 이 그림은 1493년의 제국의 지배 체제를 나타내고 있는데, '최후의 기사' 라 불리는 황제 막스밀리안 1세의 통치를 나타낸다. 황제는 중세 기사 세계를 동경하여, 마상 창 시합을 부활시켜 스스로 기사의 갑옷을 몸에 둘렀다고 한다. 따라서 당연히 문장에 대해서도 큰 관심을 가

그림72 황제 막시밀리안 1세의 지배 체제

졌고, 그런 까닭에 제위에 오른 1493년에 이 문장도를 그리게 했다.

그림에서도 알 수 있듯이, 중앙 상부에는 황제가 왕좌에 앉아 있고, 발치에는 쌍두 독수리 문장이 놓여 있다. 또, 좌우에 7명이 서 있고, 왼쪽에는 -문장학에서는 오른쪽- 트리어, 쾰른, 마인츠의 대주교인 선제후가 있고, 오른쪽에는 -문장학에서는 왼쪽- 보헤미아, 팔츠, 작센, 브란덴부르크 선제후가 있다. 각각의 손에는 증서, 왕홀, 검, 열쇠 등이 들려 있고, 발치에는 방패 문장을 볼 수 있다. 이것으로도 황제 선출 시스템을 이해할 수 있다. 그 아래로 공국, 영주, 도시의 방패 문장을 안고 있어 제국의 지배 관계를 나타내고 있다.

그림 73도 1510년의 신성 로마 제국의 지배 관계를 나타낸 것

이다. 십자가에 못 박힌 그리스도는 제국의 기간(基幹)을 그림으로 표현한 것에 불과하다. 하지만 중앙 상부에 황제관을 쓴 쌍두 독수리가 −막시밀리안 1세가 최초로 쌍두 독수리에 왕관을 씌우고 문장관(紋章冠)을 만들었다− 좌우로 날개를 펼치고 있다. 날개에는 7명의 선제후와 로마 교황이 매달려 있고, 그 아래로 '공작, 변경백(마르크그라프), 지방백(그라프), 성백(城伯), 백작, 봉건 영주, 남작, 기사 …… 도시들' 등의 문장이 상하로 늘어서 있다. 아이러니하게도 독수리의 날개는 지나치게 무거워 날 수 없는 듯한 인상을 주는데, 제국의 미래를 암시라도 하듯 제국의 힘은 차츰 쇠퇴하여 황제는 제후에게 의존하지 않으면 안 되었다. 그러나 그림은 장대한 제국의 이상을 담고 있다.

그림73 신성 로마 제국(1510년)의 일러스트

또, 막시밀리안 1세는 예술가와도 많은 교류가 있었는데, 그중에서도 가장 유명한 인물은 뒤러였다. 뒤러는 1503년에 의미심장한 〈죽음과 문장〉(그림74)을 제작했다. 방패에는 죽음의 상징인 두개골이 그려져 있는데, 야생의 남성과 신부의 관(冠)을 쓴 여성이 방패를 들고 서포터 역할을 맡고 있다. 투구 위

그림74 뒤러의 〈죽음과 문장〉

의 큰 날개가 투구 장식인 것을 한눈에 알 수 있다. 이 문장도는 사랑과 죽음을 풍자한 것이다.

뒤러는 1512~1513년에 걸쳐 카를 대제와 황제 지기스문트의 초상화를, 1519년에는 막시밀리안 1세의 초상화를 그리기도 했다. 여기에서도 우의화한 문장이 중요한 모티브가 되었다. 그와 그의 친구는 황제 막시밀리안 1세로부터 의뢰를 받아 〈막시밀리안 황제의 개선 행진〉이라는 거대한 작품에 착수한다. 이 작품에서도 황제의 가계, 지배 지역의 문장과 기를 포함한 가공의 개선 장면이 스펙터클하게 그려지는데, 이것이 황제의 선전 역할을 맡는다.

그림 75는 합스부르크 왕가의 여제 마리아 테레지아의 대문장(1766년)으로, 왕가의 쌍두 독수리 위에 황제관이 놓여지고, 중앙 방패의 좌우 위쪽에 헝가리와 보헤미아의 왕관이 배치되어 있다.

그림75 마리아 테레지아의 대문장

마리아 테레지아(Maria Theresia)
신성 로마 제국 합스부르크 왕조의 여제(재위 1740-1780). 카를 6세의 장녀이며, 토스카나 대공(大公) 프란츠슈테판과 결혼했는데, 선왕이 갑자기 사망함으로써 합스부르크 왕가의 모든 영토를 상속하였다. 카를 6세는 딸에게 가정적인 교육만 시켰는데, 마리아는 정치적 국면에서 비상한 재능을 발휘했다. 자녀를 16명이나 두었으며, 프랑스 왕 루이 16세의 왕비 마리 앙투아네트도 그녀의 딸이었다.

방패의 중앙부에 오스트리아의 문장이, 그 주위를 슈타이어마르크, 케른텐, 클라인, 합스부르크, 티롤, 키부르크, 게르츠, 글라디스카, 부루가우의 8개의 문장이 둘러싸고 있다. 이 지역들은 오스트리아를 중심으로 현존하고 있는 지역이다. 이것을 감싸 안듯, 바깥쪽은 방패 속의 방패를 포함한 다수의 문장으로 채워져 있다. 주목할 만할 점은, 여기에도 문장에 의해 당시 합스부르크 왕가의 지배 지역을 나타내려는 어떤 시도가 보인다는 것이다. 그러나 실제 이 같은 장식적인 표시는 문장을 더욱 복잡하게 할 뿐으로 결과적으로는 문장을 쇠퇴시킨다.

3. 절대주의 시대의 문장

이미 봉건 시대에 문장과 정치 지배의 기본적인 관계 구도가 구축되었다. 이후 절대주의 시대에는, 특권을 잃은 귀족들은 칭호로 겨우 체면을 유지했다. 따라서 그들의 실권이 낮아지는 것과 함께 문장도 차츰 해체되어 갔다. 한편, 강한 권력을 쥐게 된 국왕은 성대한 식전이나 의례를 개최하는 것으로 자신의 권위를 과시하려 했고, 이때 문장은 시각적이고도 효과적으로 이용되었다. 이렇게 절대 군주는 자신의 문장의 가치를 높이는 한편, 문장원을 통해 국가 차원에서 문장을 통괄했다.

영국의 문장원은 1484년에 설립되었으며, 1485년에는 튜더 왕조의 헨리 7세가 통치를 시작한 이래 절대주의 왕정이 지속된다. 이 시대의 왕실 문장은 그림 76에 보이듯 천사가 장미 위쪽에 왕관을 올려놓으려 하고, 좌우에 놓인 사자와 웨일스 용이 방패를 들고 있는 모습으로 왕실의 권위를 강조했다.

그림76 튜더 왕조의 대문장

문장원은 헨리 7세가 서거한 1509년에도 장례식을 진행하는 중요한 역할을 맡았다. 그런 전통은 이후 엘리자베스 1세의 장례식의 선례가 되었다. 그림 77은 엘리자베스 1세의 장례식

그림77 엘리자베스 1세의 장례

광경이다. 검은 옷으로 몸을 감싼 종자들이 버너를 들고 있고, 여왕의 12대에 걸친 일가의 결혼 문장이 그려져 있다. 또, 관을 끄는 말에는 여왕의 문장이 그려진 마의가 입혀졌는데, 이것은 장례식을 지켜보는 사람들의 눈에 띄었다. 이러한 연출에 의해 시각적인 군주의 위엄이 민중에게 과시되었다.

프랑스에서도 도시에 입성할 때 행해지던 의식에서, 문장이나 기가 지배의 의례적인 심벌로 큰 역할을 수행했다. 1571년에 샤를 9세와 엘리자베트 도트리슈가 파리 시에 들어왔을 때 백합 무늬가 두드러지도록 장식되었고, 1574년 앙리 3세가 베네치아에 들어갔을 때도 문장이 시각적인 효과를 발휘했다.

또, 국가에 의해 문장을 체계적으로 통괄하려 했던 사례에서, 태양 왕이라 불린 루이 14세의 정책을 들지 않을 수 없다. 절대주의 왕정의 대표적인 군주, 루이 14세는 통치를 체계화한 중앙 집권화를 꾀했지만 호사스러운 생활과 식민지 개척 등의 대외 팽창주의로 인해 국가 재정이 위기를 맞이하게 되었다. 1696년 11월에 루이 14세는 칙령에 의해 문장을 국고의 재원의 일부로 하는 정책을 내세웠다. 문장을 소유하는 가계나 기관에 대해 과세를 부과할 목적으로 국가에 등록할 것을 의무화했다. 등록비는 개인은 20리브르였고, 이를 위반하면 300리브르의 벌금이 과해졌다.

샤를 9세
프랑스 발루아 왕조의 왕(재위 1560-1574). 모후인 카트린 드 메디시스의 사주로 1572년 8월 24일 성 바르톨로메오 축일에 수만 명의 신교도를 학살했다. 그때부터 왕은 죄책감으로 평생을 시달렸으며 결국 결핵으로 죽었다.

앙리 3세
프랑스 발루아 왕조의 마지막 왕(재위 1574-1589). 모후인 카트린 드 메디시스의 셋째 아들로, 형인 샤를 9세가 죽자 프랑스 왕이 되었다. 1589년 8월 수도사 J. 클레망의 칼에 찔려 죽고, 14세기 이래의 발루아 왕조는 멸망했다.

루이 15세
프랑스 부르봉 왕조의 왕(재위 1715-1774). 루이 14세의 증손으로, '친애왕'이라 불렸다.

분명 이 시대에는 귀족 이외의 신흥 시민에게 많은 문장이 수여되었고, 그것이 국가 재정의 재건에 일익을 담당했던 것도 사실이다. 그러나 왕의 정책은 생각처럼 순조롭게 운영되지 못했고, 문장에 관한 칙령은 1709년에 폐지된다. 정확한 이유는 알 수 없지만, 실용적이지 못하고 상징적인 성격이 강했던 문장이, 귀족에게 지나치게 수여됨에 따라 초래된 가치 하락으로, 문장을 등록하는 사람이 감소했기 때문이 아니었을까. 훗날 1760년에 루이 15세는 국가에 의한 문장의 수여를 귀족과 법인만으로 한정했다.

영국과 프랑스에 비해 독일의 문장원은 훨씬 나중에 설립된다. 이것은 독일의 절대주의 시대의 지연과도 일치한다. 기록에 의하면 프로이센에서는 1706~1713년 사이에 대문장원이, 1855~1920년 사이에 문장원이, 바이에른에서는 1818~1920년 사이에 문장원이 존속한다.

그림78 프로이센 왕의 대문장

그림 78은 프로이센 왕의 대문장으로, 그림에서도 중앙의 검은 프로이센 왕의 독수리 문장과 주위에 그가 통치한 48지역의 공작, 백작령의 문장이 둘러싸고 있는 복잡한 구도를 볼 수 있다. 또한, 이 그림에서는 방패를 사이에 둔 두 사람이 독수리가 그려진 기를 가지고 있는데, 앞으로 도래할 기의 시대를 암시하고 있다.

이미 앞에서 말한 바와 같이, 절대주의 시대의 국왕은 자신의 문장으로 권위를 유지하고 지키기 위해 엄격하게 상속했고, 여성 상속인과의 결혼이나 분가뿐 아니라 영토의 합병 등에 의해서도 분할 합성되었다. 이런 분할 합성은 결과적으로 문장의 규칙과 문장학을 발달시킬 수 있었으나, 문장은 허울만 남아 성립 초기의 발랄한 정신을 잃어 버렸다.

프로이센 왕의 문장에서도 알 수 있듯이 많은 문장을 통해 왕실의 유래나 지배 권력을 과시하려고 했지만, 전문가 이외에는 문장의 서열이나 내용을 제대로 이해할 수 없었다. 이것은 문장이 복잡하게 분할 합성되었던 것과, 장식적으로 바뀐 그리스도교의 도상학 및 르네상스 이후의 우상화의 번성과도 무관하지 않다. 특히, 당시의 바로크, 로코코의 예술 조류와도 밀접하게 관련되어 있다. 프랑스에서도 루이 14세 시대에 문장을 장식한 망토나 묘지가 유행한다. 그런 장식적인 풍조는 문장을 화려한 예술로 끌어올렸지만, 결과적으로는 본래의 목적에서 벗어난 허식의 상징을 낳고 말았다.

이미 인용한 그림 75와 76의 문장에서도 알 수 있듯이, 절대주의 시대에 공통하는 특징으로 왕관이 있다. 왕관은 16세기경부터 등장하는 대문장에 그려지게 되었는데, 그것은 절대주의 시대에 군주에게 권력이 집중되면서 권위를 나타내는 눈에 보이는 상징이 중시되면서 왕이나 제후의 문장에 빠져서는 안 되는 것이었다. 본래 왕관은 시각적인 형상이나 색, 장식 등에 의해서 황제, 국왕, 대왕, 후작, 백작 …… 이라는 위계까지도 알 수 있었다. 그 사례는 그림 29에서 살펴볼 수 있었다. 단, 대문장도의 왕관은 그 형상이 반드시 실물과 일치하지 않는 경우도 있었다.

르네상스 시대부터 절대주의 시대에 걸쳐 왕이나 제후의 대문장의 아랫부분에는 격언, 금언, 모토, 슬로건 등을 병기하는 일이 많았다. 이런 관습은 15세기경부터 시작되었는데, 초기에는 그리스도교의 정신에 근거한 '우리들은 신과 함께 있다' 등과 같은 성서 문구가 많았다. 그러나 차츰 정치 이념을 모토로 담아, 통치 이상을 실현하고자 했다.

예를 들어, 신성 로마 제국의 프리드리히 3세는 '아에이오우(AEIOU)'라는 의미심장한 모토를 이용했다. 이것은 몇 가지로 해석되지만, '세상의 국토 모두 오스트리아의 지배하에 있다' (Alles Erdreich ist Oesterreich untertan)라는 문장의 머리글자의 조합이라는 해석이 가장 유력하다. 카를 5세는 헤라클레스의 격언인 '더욱 앞으로'를, 프리드리히 2세는 '명성과 조국을 위하

그림79 가터 훈장

여'를 선택했다.

 이러한 모토는 왕을 정점으로 한 체계로 사람들을 결집시키고, 군주의 야망을 미사여구와 함께 국민에게 주입시키고자 했던 의도가 담겨 있다고 할 수 있다. 의도는 완전히 다르지만, 프랑스 혁명 당시에도 표식에 쓰인 '자유, 평등, 박애' 혹은 '자유가 아니면 죽음을!'이라는 유명한 슬로건도 문장과 함께 슬로건을 썼던 관습의 연장선상에 있다고 할 수 있다.

 왕관이나 왕홀과 마찬가지로 훈장도 이미 오랜 역사를 가지고 있고, 왕권의 절대적인 권위 확립과 밀접한 관계가 있다. 가장 유명한 것은 에드워드 3세가 제정한 '가터 훈장(1348년)'(그림79)으로, 이것은 왕이 가터(garter)를 떨어뜨린 귀부인을 궁지에서 구해 준 일화에서 유래한다.

 절대주의 시대에는 프랑스의 루이 14세가 1693년에 '군무훈장'을 창설하고, 이를 대십자(大十字), 사령관, 기사의 3계급으로 나누었다. 프로이센에서는 1740년에 '무훈훈장'이, 1913년에 '하켄크로이츠 훈장'이 제정되었으며, 후자는 중세 독일 기사단의 '흑십자장

프리드리히 3세
신성 로마 제국 합스부르크 왕조의 황제, 오스트리아 왕 (재위 1440-1493).

카를 5세
신성 로마 제국 합스부르크 왕조의 황제, 오스트리아 왕 (재위 1519-1556).

프리드리히 2세
프로이센의 국왕(재위 1740-1786). 프리드리히 대왕이라 불린다.

(黑十字章)'을 모델로 했다. 이것은 특등, 1등, 2등으로 분류되어, 전장에서 용감한 전사에게 수여되었다.

그러나 이상과 같은 문장, 왕관, 훈장은 군주의 권위를 과시하는 상징으로, 부르주아나 하층민중의 힘에 의해 무너지는 운명을 맞게 된다.

4. 프랑스 혁명과 심벌

시민혁명에 의해 절대주의 왕정이 무너져, 구체제의 심벌로서의 문장의 권위도 사라져 가고 있었다. 두말할 필요도 없이 프랑스 혁명이 그 전형적인 예로, 1789년 7월에 일어난 혁명은 부르봉 왕조를 타도하고, 1790년 6월에는 귀족이나 성직자의 특권이나 문장, 훈장 등을 폐지했다. 그리고 왕관, 왕홀, 문장은 짓밟히고 파괴되었다. 회화나 캐리커처, 연극들도 구체제의 심벌로 간주되어 공격의 대상이 되었다.

1790년 9월 21일에 삼색기가 백합 문장을 대신해 프랑스의 국기가 되었다. 이것은 국가의 상징을 기를 통해 나타내는 시대가 도래했음을 알리는 신호탄이었다. 또, 자유의 나무나 자코뱅 모자 등이 혁명파의 새로운 심벌로 등장한다. 이렇듯 혁명은, 시각적인 상징의 파괴와 창조에 의해 식자 능력이 없는 민중들에게 보다 구체적으로 시대의 전환을 제시했다.

프랑스 삼색기의 유래에는 여러 설이 있는데 W. 스미스에 의하면, 1789년 7월 13일에 파리에서 국민위병대가 창설되었을 때 파리 시의 문장의 붉은색과 푸른색을 모장(帽章)의 색으로 했으며, 이후 부르봉 왕가의 흰색이 덧붙여지면서 삼색기가 되었다고 한다. 혁명 초기에는 왕정과의 융화를 의도했음을 흰색의 심벌로도 확인할 수 있다.

삼색기는 이후 국가(國歌)인 라마르세예즈와 함께 국민을 결집하고, 혁명 수행뿐 아니라 주변국으로 진출할 때도 큰 역할을 맡았다. 또, 삼색기는 프랑스 혁명뿐 아니라 제국주의 시대에 프랑스 민족주의의 성격을 짙게 나타내는 상징이기도 했다. 그것은 현대까지 계승되어 다른 나라의 국기 제정에도 영향을 미쳤다.

그런데 혁명은 일종의 제전이기도 해서, 이런 비일상성 속에서 민중은 울적한 에너지를 발산시킨다. 카니발의 장식한 수레나 가장 행렬이 사람들을 결집하고 도취시키는 것처럼 혁명도 민중의 마음을 하나로 모을 상징을 필요로 한다. 이른바 아이덴티티의 확립이 혁명의 성패를 결정하는 열쇠이기에, 프랑스 혁명 시대에 열렸던 각종 제전에서는 시각적인 심벌이 다용된다.

특히, 유명한 심벌은 자유의 나무로,(그림80) 이것은 풍요의 상징이던 오월주(Maypole)에서 유래하며 유럽의 제전에서 오랜 전통을 지닌다. 그러나 정치적으로는 원래 미국의 독립전쟁 때 자유의 상징으로 퍼진 것으로, 그 정신이 프랑스 혁명에 도입된 것이다. 프랑스에도 오월주를 축하하는 민속적 전통이 있었기 때문에 민중은 자유의 나무를 쉽게 받아들였다.

혁명파는 국왕의 동상 대신에 오월주를 혁명 광장에 세우고, 이 나무 둘레에서 춤을 추거나 회합의 장을 열었다. 특히, 자유의

그림80 자유의 나무

나무와 대조적으로 구체제의 심벌이었던 문장을 장식한 귀족의 나무가 세워지고, 이것이 불살라진다.(그림81) 그것은 분명 문장의 시대가 끝났음을 고하는 역사적 의식이었다. 더욱이 자유의 나무 풍습은 단순히 프랑스뿐만 아니라 프랑스 혁명군이 점령한 유럽 각지로 파급되어 스위스나 독일의 남서쪽 여러 도시로 퍼져나갔다.

붉은 자코뱅 모자도 혁명의 상징이라 할 수 있다. 고대 로마 시대의 노예 해방에서 유래한 자코뱅 모자는 원래 하층민이 착용하던 것으로, 1792년 봄에 혁명 병사가 이것을 쓰고 국민 집회에 등장하면서부터 혁명의 상징으로 시민권을 얻었다. 이후 자코뱅 클럽에서도 붉은 모자를 추천 장려하게 되면서 널리 퍼졌는데, 자유의 나무에 씌워지는 일이 많았다.

그림81 귀족의 나무와 불타는 문장

단, 혁명의 분기점이라고 할 수 있는 1794년 7월 27일의 '테르미도르의 반동' 이후에는 이것을 쓴 사람은 거의 없었다. 이처럼 자유의 나무, 삼색기, 자코뱅 모자가 부르봉 왕가의 백합 문장을 대신한 상징으로 각광을 받았고, 혁명에 의해 새로운 시대의 심벌이 탄생한 것이다.

테르미도르의 반동
테르미도르는 당시의 혁명력(曆)으로, 로베스피에르의 반대 세력이 의회에서 연설하려던 로베스피에르를 고발하여 단두대로 보낸 사건이다. 역사가들은 이 사건을 프랑스 혁명 정신을 후퇴시킨 보수 세력의 음모로 규정하여 이렇게 불렀다.

그림 82는 혁명의 엠블렘으로, 정치적 권력을 상징하는 파스케스장(章) 위에 모장(帽章)을 붙인 자코뱅 모자를 씌우고 중심부에 모토인 '공화국의 통일, 일체화, 자유, 평등, 박애가 아니면 죽음을'이라는 1793년 10월 10일의 제창이 보

인다. 그 주변을 떡갈나무와 참나무 잎으로 둘러싼 디자인은, '강함'과 '불사'를 상징하는 성스런 나무에서 유래한 것이다.

파스케스의 모티브는 스위스의 헬베티아 혁명 _{프랑스 혁명의 영향을 받은 스위스 공화주의 혁명} 에도 이용된다. 이렇게 스위스는 프

그림82 혁명의 엠블렘

랑스의 지원에 의해 1798년에 공화국을 설립한다. 여기에도 파스케스장과 자유의 모자가 디자인되어 있으며, 이 디자인에 빌헬름 텔의 모티브를 더한 것에서 스위스의 향토성이 드러난다.

그러나 이들 시민혁명의 파스케스장이 사상적으로 전혀 다른 파시즘의 어원이 된 사실은 그다지 알려져 있지 않다. 앞에서도 언급했지만, 양자의 관계는 무솔리니에 기인하는 것으로 원래 파스케스는 고대 로마의 집정관이 가졌던 직권을 상징한 것으로 파시즘의 의미를 포함하고 있지 않다.

5. 문장과 나폴레옹의 지배

프랑스 혁명은 그 과정 속에서 변질되어 곧 나폴레옹이 황제가 되어, 1804년에 새로운 문장과 인새(印璽) 등을 제정했다. 나

폴레옹의 문장은 그림 2에 나타난 것처럼 독수리를 중앙부에 배치하고, −머리가 향하는 것이 종래의 관행과 다른 것은 의도적인 것으로 보인다− 망토에 꿀벌 마크를 사용하고 있다. 독수리는 로마 제국이나 카를 대제 및 신성 로마 제국과 인연이 있는 문장으로, 이 모티브를 채용한 것은 나폴레옹이 혁명의 계승자가 아니라 제정을 의도하고 있었다는 사실을 여실히 보여준다. 그는 이렇게 말한다.

"병사들이여, 여기에 제군의 군기가 있다. 이들 독수리는 항상 집합 지점으로서 한몫을 다할 것이다. 왕좌와 인민의 방어를 위해 제군들의 황제가 필요하다고 판단하는 곳에는 어디든 이 독수리가 있을 것이다. 승리의 길을 위해, 제군들의 용기로 이 독수리들을 지키기 위해 목숨을 바치겠다고 맹세하라!'

독수리 문장은 분명 나폴레옹의 유럽 제패라는 야망을 실현하기 위한 심벌이었다. 또, 망토의 꿀벌은 메로빙거 왕조에서 유래한 심벌이기도 하지만, 이 은유에는 깊은 뜻이 내포되어 있다.

꿀벌 사회는 왕벌 −여왕벌이라는 사실을 알게 된 것은 17세기− 을 중심으로 꿀을 수집하는 벌, 벌집을 만드는 일벌 등 제각기 역할을 분담하고 있어 원활한 통솔이 이루어지는 생활을 한다. 그러한 유추에서 고대 이래, 특히 중세의 성직자나 지배자는 꿀벌의 이미지를 사랑해 왔다. 절대주의 군주였던 루이 14세도 마찬가지여서 꿀벌의 엠블렘을 사용한다. 왕벌이 국왕에, 근면한 일벌이 신도나 민중에 해당하기 때문이다.

메로빙거 왕조
프랑크 왕국 전반기의 왕조(481-751). 프랑크 족의 한 파인 살리 족의 부족장 메로비스의 이름에서 유래한다. 751년 최후의 메로빙거 왕조의 왕 힐데리히 3세가 폐위되고, 카롤링거 왕조가 그 뒤를 이어 프랑크 왕국을 지배하게 된다.

나폴레옹이 꿀벌에 착안한 것은 중세 이후의 전통을 계승하고, 벌의 사회적 습성을 정치적이고 군사적인 것으로 받아들이려고 했기 때문이다. 특히, 나폴레옹 군대의 전술은 각각의 역할을 맡은 꿀벌의 집단행동과 밀접한 관계를 가지고 있었다.

그런데 권력을 장악한 나폴레옹은 1808년에 칙령에 의해 과거의 귀족 제도를 부활시키는 동시에 종래의 복잡하고 비합리적인 문장학을 개혁하여 보기만 해도 위계와 신분이 한눈에 들어오도록 쉽게 신문장(新紋章)을 제정했다. 이것은 지금까지의 문장학이 복잡하게 발전해 온 까닭에 의미가 불분명해지고, 이미 본래의 기능을 다하지 못했기 때문이다.

나폴레옹은 문장을 자기 나름대로 합리화하는 동시에 군사적으로도 자신의 재능을 발휘한다. 그는 문장이라는 '시각'을 근거로 계급을 구분하는 것이 군대의 통제에 얼마나 유용한 것인가를

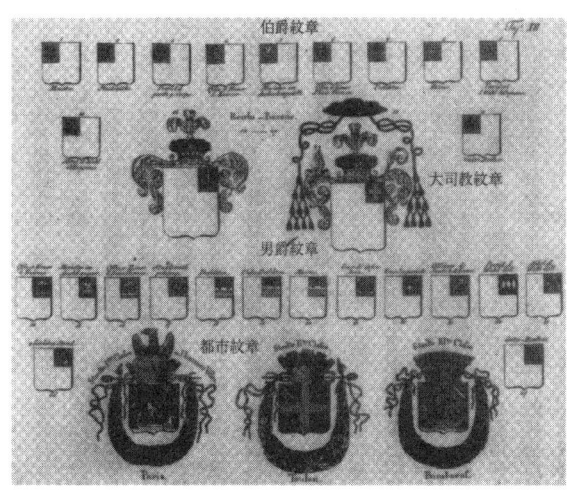

그림83 나폴레옹의 문장 제도

잘 알고 있었다. 문장의 중시는 단순히 군사적인 의미뿐 아니라 제정을 포함한 정치적 통치의 의도와도 합치해, 정부나 지방의 관리, 성직자, 교육자는 물론 도시 문장도 포괄하는 것이었다.

이윽고 나폴레옹은 식부관(式部官)도 부활시키고, 1808년부터 1814년에 걸쳐 4공작, 33후작, 452백작, 1500남작, 1474기사를 새롭게 서임하고 나폴레옹 문장에 근거하여 각각의 위계에 문장을 수여한다. 이렇게 해서 다수의 신귀족이 탄생한다.

그림 83은 신제도에 의한 프랑스 백작 문장과 남작 문장 등을 보여준다. 주로 사분할로 윗부분의 좌우 방형(方形)의 문양에 의해 위계를 구분하고 있다. 이것은 혁명이 부정한 귀족 제도를 부활시키는 것뿐만 아니라, 바로 구체제로의 회귀를 여실히 나타낸 것이다.

나폴레옹은 유럽 각지에 진출하여 잇달아 그의 지배하에 둔다. 독일의 라인 강 왼쪽 연안 지역도 초기에 프랑스 군에 의해 점령당하고, 나폴레옹 문장을 장식한 '나폴레옹 법전'이 발포되었다. 점령은 문장에도 확실히 나타나 있다. 나폴레옹 지배하의 독일 연방이나 스위스의 도시 주네브는 종래의 문장을 변경하고 꿀벌 문양을 넣었다.

브레멘, 마인츠 등은 나폴레옹의 지배하에서 종래의 도시 문장에 세 마리의 꿀벌을 추가한 것으로 변경했다.(그림99) 세 마리의 꿀벌은 제1급 도시라는 표시로, 이 같은 변경이 수여에 의한 것이었다고 해도 실제로는 강요에 의한 것이었다. 지배지에서는 직간접적으로 강력한 정치적 압력이 가해졌기 때문이다. 이후

라이프치히 전투
1813년 10월 16일부터 18일까지 나폴레옹과 프로이센, 오스트리아, 러시아 연합군 사이에 벌어진 전투. 나폴레옹의 패배로 연합군은 결정적인 승기를 잡는다.

그림84 나폴레옹의 극화

나폴레옹이 패배하자, 꿀벌 문양은 삭제되었다. 그림 84는 '라이프치히의 전투'(1813년)에서 패배한 나폴레옹을 야유하는 모습을 담은 그림으로, 문장에는 해골의 심벌이 그려지고 관에는 꿀벌 문장으로 덮여 있다.

　나폴레옹 문장은 그의 실각과 함께 단명으로 끝나, 프랑스에 정착하지 못했다. 단지, 나폴레옹의 독수리와 꿀벌의 대문장은 그의 조카인 나폴레옹 3세에 의해 계승되지만, 그것도 일시적인 것이었다. 나폴레옹 3세는 당연히 위대한 영웅의 권위를 등에 업고 나폴레옹 1세의 영광을 좇았던 것이다. 이 같은 나폴레옹 문장의 경우에서도 알 수 있듯이 문장은 권력을 과시하는 상징적인 의미를 가진 것으로 지배를 위한 도구였다.

6. 문장에서 국기로

앞에서 말한 바와 같이 문장에 대한 나폴레옹의 노력은 공허한 시도였다. 말할 것도 없이 심벌 표시의 역사로서 왕이나 귀족의 문장은 쇠퇴할 운명이었기 때문이다. 주목할 만한 것은 문장 대신에 근대에서는 국기가 정치적, 군사적인 중요성을 더하고 있다는 사실이다. 그 이유는 문장에 비해 국기는 단순 명쾌한 색 구분에 의해 성립되어 있기 때문에 국민이 쉽게 받아들일 수 있다는 것이다. 국기가 등장하기 이전의 기는 문장과 마찬가지로 주로 권력을 가진 통치자에 의해 계승되어 왔다. 그러나 미국의 독립전쟁과 프랑스 혁명은 국민의 상징으로서 국기 제정에도 큰 기여를 했으며, 현대의 국기 개념의 기초를 만들었다.

근대 국가에 있어서 국기는, 국내뿐 아니라 대외적으로 독립된 정치적 주권을 나타내기 위한 수단으로도 사용된다. 이 심벌 안에는 국가의 존엄, 명예, 권위 등이 담겨 있는데, 국기가 국민에게 받아들여지고 침투하는 데는 여러 경위가 있다. 특히, 왕정이나 공화제에서는 자연히 국기의 위치 설정에 차이점이 있다. 왕정에서는 권력을 가진 군주의 상징과 국기가 연관되기 쉬운데, 몇몇 사례에서는 왕실의 기가 국기로 제정되었다. 공화제에서의 국기는 국민의 '통합의 상징'이라는 색채가 강하다.

영국의 유명한 유니언 잭의 전신이었던 기는 영국의 성 조지기(흰색 바탕에 십자), 스코틀랜드의 성 앤드류기(푸른색 바탕에 흰색의 대각선 십자), 아일랜드의 성 패트릭기(흰색 바탕에 붉은색의 대각선 십자)를 합성한 것인데, 이것은 영국의 정치적인 배경에 의해 탄생한 것이다. 풍부한 경제력과 해군력에 의해 대부분의 식민지를 획득했던 영국은 세계 각지에 영토를 두는, 이른바 '대영제국'을 건설했다. 남아프리카 연방, 황금 해안, 나이지리아, 실론(지금의 스리랑카), 인도, 오스트레일리아 남북부, 홍콩, 자메이카 등 19세기 말의 영국의 식민지 기(旗)의 대부분은 유니언 잭을 그 왼쪽 상단에 집어넣고 있다.

유니언 잭의 전신
영국
스코틀랜드
아일랜드

해외의 식민지들이 독립을 한 경우에도 오스트레일리아, 뉴질랜드, 남아프리카 등의 국기는 종주국인 유니언 잭을 남겼다. 보통 구식민지가 독립하면 대부분의 경우, 새롭게 국기를 제정하거나 캐나다의 예에서 볼 수 있듯이 도중에 변경(1965년)하거니 해서 유니언 잭이 없어진다. 이것은 당연한 역사의 흐름이다.

영국의 식민지 기
오스트레일리아
뉴질랜드

푸른색, 흰색, 붉은색의 프랑스의 삼색기에도 프랑스 역사가 각인되어 있다. 푸른색은 4세기의 성 마르틴에 유래하고, 흰색은 잔 다르크의 기와 오를레앙 가문 _{프랑스 왕가의 근친에 해당하는 귀족} 의 기로 인해 15세기 이후 폭넓게 국민의 지지를 받은 색이었다. 또, 붉은색은 프랑크 왕국의 샤를마뉴(카를 대제)가 사용했다. 프랑스 대혁명 때 이들의 전통을 통합해 삼색기가 제정되었는데 그 성립 과정은 앞에서 말한 바와 같다.

삼색기를 계승한 나폴레옹이 몰락하고, 왕정복고가 이루어진 프랑스에 루이 18세는 예전의 흰 기를 프랑스 기로 복귀시킨다. 그러나 1830년의 7월 혁명에 의해 삼색기가 명성을 되찾는

루이 18세
프랑스 부르봉 왕조의 왕(재위 1814-1824). 루이 15세의 손자이며 루이 16세의 동생이다. 1814년 나폴레옹이 엘바 섬으로 추방되자 귀국하여 왕위에 올랐다.

다. 이후 1848년의 2월 혁명이나 1871년의 파리 코뮌에 붉은 기가 사용된 일도 있는데, 이것은 일시적 현상이었다. 그 이후 현재에 이르기까지 삼색기가 계승되고 있다.

독일은 통일 국가의 성립이 상당히 늦었기 때문에 국기의 전통은 그리 길지 않다. 지금의 검은색, 붉은색, 금색의 독일 국기의 원류는 훨씬 오래전인 카를 대제의 금색의 천에 검은 독수리를 디자인한 기에 있다고 할 수 있다. 그러나 직접적인 기원은 19세기 초의 자유주의 운동이나 부르셴샤프트 Burschenschaft, 독일 예나 대학에서 결성한 학생 동맹 운동에서 시작된다. 1816년에 예나의 학생이 검은색, 붉은색, 금색의 기를 사용했고, 이 색에는 '명예, 자유, 조국'의 의미가 담겨 있다. 이것은 바르트부르크 축제나 1832년

2월 혁명
산업 혁명으로 세력이 커진 노동자와 소시민들도 점차 선거권을 요구하기 시작했는데, 이런 가운데 자유주의파와 사회주의자들은 선거법 확대를 비롯한 정치적 개혁을 요구하는 집회를 열었다. 정부가 군대를 동원하여 이를 탄압하자, 1848년 2월에 파리의 시민과 노동자들은 반란을 일으켜 국왕을 영국으로 쫓아냈다. 2월 혁명의 영향을 받아 유럽 각국에서 자유주의 운동이 일어난다.

파리 코뮌
1871년 3월 28일부터 5월 28일 사이에 파리 시민과 노동자들의 봉기에 의해서 수립된 혁명적 자치정부. 코뮌이 지상 최초의 노동자 정부를 수립하려고 분주한 틈에 프로이센과 결탁한 정부군은 5월 21일 맥마흔의 지휘하에 파리로 진격했다. '피의 1주일'이란 7일간의 시가전 끝에 코뮌은 붕괴되고 3만 명의 시민이 죽었으며 많은 사람이 처형당했다.

바르트부르크 축제
1817년 10월 18일, 부르셴샤프트가 바르트부르크 성에서 개최한 종교개혁 300주년 및 라이프치히 승전 4주년을 기념하는 축제.

함바흐 축제
자유와 통일을 위한 민중들의 모임으로, 3만 명의 애국자들이 모였다. 독일인의 국민 축제.

3월 혁명
1848년 3월 13일 오스트리아의 수도 빈에서 민주주의를 요구한 시민 혁명. 이 혁명으로 재상 메테르니히는 런던으로 망명한다.

의 함바흐 축제, 1848년의 3월 혁명에도 등장해(그림85) 민중을 고무하고 있다.

특히, 기와 독일 통일의 관계는 함바흐 축제에서 P. J. 지벤프파이파의 시의 다음 구절에 잘 나타나 있다.

> 어째서 바덴 인은 금색과 붉은색의 기로 희롱하는가.
> 어째서 바이에른 인과 헤센 인은 흰색, 푸른색,
> 붉은색의 기를 가지고 노는가.
> 단결력만이 위대한 것을 만든다.
> 그러니 여러 색의 잡동사니는 버리는 것이 좋다.
> 하나의 색, 하나의 조국, 이것만 있으면 된다.

그림85 3월 혁명과 흑, 적, 금색기(베를린의 봉기)

함바흐 축제는 사람들에게 기의 시대를 강하게 인상짓게 만드는 집회였다. 그러나 당시 소국으로 분리되어 있던 독일의 정치 상황을 반영해, 여기에도 여러 가지 기가 등장한다. 통일된 기의 제정은 3월 혁명 때 겨우 시도된다. 검은색, 붉은색, 금색의 삼색기는 1848년의 국민회의에서 상징으로 채택되지만, 3월 혁명은 내부 대립으로 좌절되고 만다.

독일 통일의 징조였던 북독일 연방이 성립했을 때, 비스마르크는 위의 전통을 무시하고, 1867년 6월에 검은색, 흰색, 붉은색의 삼색기를 국기로 제정했다. 이 삼색기는 1871년 통일 후부터 제1차 세계 대전까지 계승되었다.

패전 후, 바이마르 공화국에서는 내부의 정치적인 불안정을 반영하듯 기에 검은색, 붉은색, 금색과 검은색, 흰색, 붉은색을 병용하기도, 붉은 기 혹은 하켄크로이츠 등이 섞이기도 했다. 이윽고 정권을 장악한 히틀러는 하켄크로이츠 기를 정식 국기로 제정한다. 전쟁이 끝난 후 구서독은 과거의 검은색, 붉은색, 금색의 기를, 구동독은 중앙에 보리, 망치, 디바이더를 도안화한 기를 사용했는데, 통일 독일 후에 구서독의 기가 국기로 제정되었다.

유럽 각국뿐 아니라, 전 세계적으로 국기는 구체적인 문양이 아닌 단순한 원색에 의한 색채 도안이 많다. 이것은 문장의 복잡화와 정반대의 관계에 있어서, 단순화가 만인이 받아들이는 원점이라는 사실을 보여주는 것이다.

국기는 사용하는 방법에 따라 독립이나 혁명의 상징도 되고, 제국주의나 파시즘의 상징이 될 수도 있는 다양성을 지니고 있다. 즉, 국기는 자체로 민족주의적인 요소를 내포하고 있는 반면,

국민 공동의 아이덴티티를 형성할 때도 큰 역할을 한다. 따라서 국기의 자리매김은 국민 한 사람 한 사람의 의지에 맡겨져야 하는 것으로, 결코 위정자에 의해서 강제적으로 강요되어서는 안 된다. 국제화 사회 속에서 국기는 그 필요성이 증가하고 있지만, 편협한 민족주의를 초월한 국기의 모습이 앞으로도 요구된다.

7. 하켄크로이츠

하켄크로이츠의 유래는 유럽, 아시아, 폴리네시아 등 각지에서 그 원형을 찾을 수 있다. 인도에서는 기원전 2500년에서 1500년경의 모헨조다로 유적에 나타나는데, 인도 불교에 있어서 하켄크로이츠가 우향일 경우, '상승, 탄생, 행복'을, 좌향일 경우에는 '몰락, 소멸, 죽음'을 나타낸다.

나치스가 이용한 하켄크로이츠는 물론 게르만 신화에 유래한 것으로 알려져 있는데, 일설에 의하면 그 뿌리가 인도 근처라고 한다. 하켄크로이츠는 '스와스티카(卍 자)'라고도 불리는데, 산스크리트에서 '행운으로 인도하는'을 뜻한다.

하켄크로이츠는 수레바퀴형 십자의 변이로, 그 원형의 모양에서 '태양의 상징'과 연결되는데, 수레바퀴형 십자가 정지를 뜻하는 반면, 하켄크로이츠는 운동을 이미지화한다. 하켄크로이츠는 게르만 민족의 대이동 시기에 금 펜던트나 성자 묘의 깔개, 복식 등에도 그려졌고, 20세기에 들어서면서 민족주의적, 혁명적 운동의 상징이 되었다. 이것은 금세기 초에 G. 폰리스트의 반유대인주의에 영향을 받아, 민족주의 운동의 표식으로 이용되었다. 또, 러시아의 2월 혁명 때 케렌스키 정부의 지폐나 핀란드, 라트비아에서의 사용 예도 찾아볼 수 있다.

나치스의 상징으로서의 하켄크로이츠는 1919년부터 나치스당 기가 되어, 히틀러를 정점으로 하는 파시즘 체제를 확립하기 위해 중요한 역할을 맡는다. 나치스 독일은 1935년에, 붉은색 바탕에 흰색 원형, 그 안에 검은색 하켄크로이츠를 배치한 기를 국기로 제정하고, 같은 모티브의 국가 문장도 만든다. 이후 이것은 '친위대 기', '히틀러 유겐트 나치스 독일의 청소년 조직 단원장(章)'으로도 사용된다.

심벌의 역사에서 하켄크로이츠만큼 사람들을 열광시키고 괴롭혔던 것은 없었다. 히틀러는 '우리의 투쟁'에서 하켄크로이츠에 대해 다음과 같이 말한다.

> "1920년의 한여름에 새로운 기가 처음으로 세상에 나타났다. …… 우리들은 붉은색에서 운동의 사회적 사상을, 흰색에서 국가주의적인 사상을, 하켄크로이츠 안에서 아리아 인의 승리를 위한 투쟁의 사명과 창조적인 사상의 승리를 볼 수 있다. 이것은 그 자체가 반유대적이며, 앞으로도 영원히 반유대적일 것이다."

히틀러는 나치스 기 안에 분명히 그의 정치 이념을 집중시키고 있다. 붉은색에는 사회주의가, 흰색에는 민족주의가, 검은색의 하켄크로이츠에는 아리아 신화의 의미가 담겨 있는 것이다. 그 삼색은 결국 비스마르크가 제정한 기의 색을 답습한 것이었다. 특히, 하켄크로이츠는 나치스당 선전부장 괴벨스의 뛰어난 연출에 의해 제전, 집회, 행진 때 사용되어, 심벌의 역사에 있어 악몽의 한 시대를 만들어낸다.

나치스는 모든 일마다 제전을 행했는데, 1936년 10월에 '국가사회주의적 교사연맹'이 그 기본 스타일을 다음과 같이 정했다.

괴벨스(Goebbels, 1897-1945). 독일 나치스 정권의 선전 장관. 1929년 당 선전 부장으로서, 새로운 선전 수단을 구사하고 교묘한 선동 정치를 했다. 1933년 나치스가 정권을 잡자, 국민계발선전장관 문화회의소 총재로서 문화면을 완전히 통제하고 국민을 전쟁에 동원했다. 최후까지 히틀러에 충성했으며, 히틀러가 자살한 다음 날 총리 관저의 대피호에서 처자와 함께 자살했다.

1. 신호 팡파르, 기의 입장 행진
2. 근본 사상으로서, 첫 번째 기의 창화(唱和)
3. 제전 음악과 시 낭독
4. 제전 사상의 고지(告知)
5. 의무 고백 시와 노래
6. 제전 사상의 반복을 위해 두 번째 기의 창화
7. 국가와 함께 총통 제창
8. 팡파르 연주와 기의 퇴장 행진

이 식순을 보면 알 수 있듯이, 제전은 기의 입장으로 시작해 퇴장으로 끝난다. 나치스의 하켄크로이츠 기는 시각적인 심벌이었고, 집회 참가자를 일상에서 신화적인 비일상의 세계로 끌어들이는 역할을 했다. 특히, 기는 1923년 11월의 히틀러에 의한 '뮌헨 반란'의 피 묻은 기를 시사하고 있으며, 이것에는 특별한 의미가 담겨져 있다. 그것은 E. W. 멜라의 〈의무〉라는 시로도 알 수 있다.

뮌헨 반란
1923년 11월 히틀러가 바이마르 공화국에 대항하여 일으킨 반란으로, 히틀러 폭동이라고도 한다. 600명의 무장 돌격대(SA)와 함께 뮌헨 뷔르가브로이하우스를 습격해, 대집회를 열고 있던 바이에른 지배자들을 체포했다.

우리들은 기에 맹세한다.
영원히 언제라도
기, 기를 모욕하는 자는
저주받아 마땅하다.
기는 우리들의 신과 민족, 국가에 대한
신앙이다,
그것을 빼앗으려 하는 자는
차라리 우리의 생활과
손을 빼앗으라.

이렇게 집회 참가자는 합창과 음악에 도취되어 나치스의 연설을 무비판적으로 받아들이도록 연출되었다. 또, 제전의 주관자인 선창자가 문제를 제기하면 이에 합창대가 하늘에서 내려오는 계시라도 되듯 히틀러 찬미로 회답하는 형식도 취했다. H. 멘첼의 〈국민 노동의 날〉이란 시에는 다음과 같은 구절이 있다.

선창자	…… 동지들이여! 모두를 위한 오직 한 사람! 우리들에게 구원을 주시는 분은 누구인가!
합창	아돌프 히틀러 총통!
선창자	…… 동지들이여! 모두를 위한 오직 한 사람! 우리들을 위해 또다시 명예를 가져다주시는 분은 누구인가!
합창	아돌프 히틀러 총통!
선창자	…… 오직 한 사람이 우리를 도왔다. 우리들이 믿는 것은 오직 이 한 분이 말씀하는 것뿐.
합창	그분은 아돌프 히틀러 총통이다!

이 대화의 재현에 의해 히틀러에 대한 개인숭배가 저절로 정착되었던 것이다. 나치스의 제전은 교회에서 흔히 행해지던 그리스도교의 합창이라는 제전 형식을 모방한 것이다. 나치스는 종교적 수법과 시각적인 심벌을 이용해 청각과 시각 양면으로 정서적으로 이성이 아닌 감정에 호소해 사람들의 마음을 사로잡는다.

이 혁명적인 이념은 당시의 상황에 불만을 품고 있던 노동자의 마음을 사로잡고, 그들을 차츰 끌어들였다. 그 사이 나치스는 고대 게르만의 신화나 낭만주의적인 세계관을 정신적인 핵으로 하여 민족주의적인 연대감을 양성하고, 감각에 호소하는 공동체 환상을 형성했던 것이다.

하켄크로이츠의 심벌을 중심으로 한 나치스의 선전(宣傳) 공격에 대해 몇몇 저항 운동이 있었는데, '3자루의 화살' 운동은 그다지 알려져 있지 않다. 이 중심 인물은 S. 차코친으로 러시아 망명자였다. 그는 조건 반사 실험으로 유명한 파블로프의 제자이기도 했다. 독일의 사회민주당(SPD)의 당원이 된 그는, 계시에 의해 '3자루의 화살'의 심벌을 고안했다.(그림86)

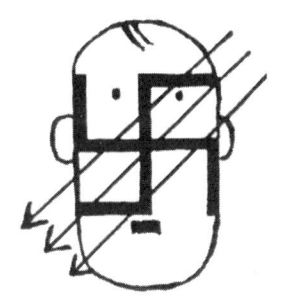

그에 따르면, '3자루의 화살'은 노동조합, 독일 국기당 바이마르 공화제 옹호당, 노동자 스포츠 동맹으로 해석되며, '행동', '규율',

그림86 '3자루의 화살' 반 나치스의 심벌

'통일'이나 '자유', '평등', '박애' 등의 다양한 의미를 포함하고 있다. 이윽고 차코친은 '3자루의 화살'의 심벌을 사용하여 반나치스 운동을 전개한다. 그러나 1933년 1월에 히틀러가 권력을 장악하자, 이것은 곧 금지되고 차코친은 다시 망명길에 오르게 된다. 이렇게 나치스와 사회민주당의 선전 싸움은 나치스의 승리로 끝나고, '3자루의 화살'은 멀리 사라졌지만 당시의 정치적 선전 싸움은 심벌이 얼마나 중요한 의미를 지니는지를 보여준다.

국민 통합의 시각적인 심벌로서의 하켄크로이츠는 이렇게 나치스의 열광적인 지지와 연관되어 민중을 결집시키는 큰 역할을 했다. 그 결과 사람들은 히틀러의 마술에 도취되었던 것이다. 토마스 만은 〈마리오와 마술사〉(1930년)에서 마술사 티포라를 등장시켜, 파시즘의 마술사적인 수법을 야유한다. 마리오는, 자신의 의지와 상관없이 마술사의 술책에 빠지고, 도취에서 깨어나자 그곳에는 추악한 중년 남자가 서 있을 뿐이었다고 말한다. 대부분의 독일 국민이 히틀러의 마술에서 각성하고, 그 본질을 깨달은 것은 전쟁이 종결된 뒤였다.

토마스 만(Thomas Mann, 1875-1955).
독일의 소설가, 평론가. 20세기의 가장 중요한 작가 중 한 사람이다. 1929년에는 독일인으로서는 최초로 노벨문학상을 받았다.

마리오와 마술사(Mario und der Zauberer)
토마스 만이 1930년에 발표한 국수주의적 독재의 사기술을 폭로한 단편소설로, 토마스 만 자신이 파시즘의 심리학이라 부른 책이다.

8. 정치에 농락당하는 기 — 러시아와 그 주변국

　러시아의 대제 표트르 1세는 흰색, 푸른색, 붉은색의 삼색기를 러시아의 심벌로 정하는데, 이후 이것은 검은색, 오렌지색, 흰색으로 바뀐다. 1917년 러시아 혁명에 의해 제정 러시아가 무너지고 소비에트 연방이 성립한다. 이윽고 1923년에 낫과 망치를 그린 붉은 기가 정식적으로 국기로 정해진다. 이것이 공산당 기관지 프라우다, 국영 항공의 아에로프로트의 심벌로도 사용된다. 기에 그려진 낫은 농민을, 망치는 프롤레타리아를 의미하는데, 수확과 건설을 상징함으로써 신국가라는 이상의 실현을 원했던 것이다. 또, 오각형의 별은 세계의 오대륙에 사는 인민의 단결을 나타낸다.

　구소련은 다민족 국가지만 각 민족의 전통에 유래한 기를 폐지하고 성립한 15개의 연방 공화국은, 공산주의의 이념을 강조하기 위해 붉은 기와 낫, 망치, 별이라는 공통적인 심벌로 통일했다. 이렇게 이들 공화국은 연방제를 강화했는데, 연방 기 안에 가로 혹은 세로로 다른 색채를 추가하면서 서로의 차이를 나타냈다.

　구소련 기의 기조인 붉은 상징은 갑자기 러시아 혁명 때 출현한 것이 아니다. 원래 붉은 기는 제사(祭祀)의 상징으로서 세계 각지에서 오랜 전통을 가지고 있는데, 명확한 정치 행동의 상징으로서는 아헨의 노동자들의 데모(1830년)에 '피의 기'로 사용한 것이 그 기원이다. 이 전통은 훗날 노동 운

표트르 1세
러시아 로마노프 왕조의 제4대 황제(재위 1682-1725). 러시아에서 가장 위대한 군주로 추앙받는 인물로, 표트르 대제라고 부른다. 러시아를 전 유럽에 알리고, 발전된 서유럽의 문명을 받아들여 러시아의 근대화를 촉진했다.

동이나 사회주의, 공산주의 운동으로 계승되고, 정치적 이데올로기를 강렬하게 나타내는 상징으로서 현재까지 계승되고 있다.

또, 망치나 낫도 단독으로 이미 길드의 상징으로 이용된 적이 있으며, 프랑스 혁명 때는 자코뱅 모자와 낫이 조합된 예도 확인할 수 있다. 단지, 낫과 망치의 조합에 의한 의미 부여는 오스트리아 공화국 성립이나 러시아 혁명 이후의 일이다.

나폴레옹의 문장과 상징이 점령 지역에 압력을 가했듯이, 러시아 혁명의 상징도 주변의 좌파 세력에게 큰 영향을 미쳤다. 구소련의 성립 후, 독일 공산당이 이 엠블렘을 도입했고, 그림 87에 보이는 혁명기를 만들었다. 이 낫과 망치는 표현주의의 잡지 〈아크티온〉의 표지를 장식하며, 이 잡지의 정치적 입장을 밝히기도 했다.

제 1차 세계 대전 후, 합스부르크 왕가의 제정에서 공화제로 옮겨간 오스트리아의 국장도 이미 언급했듯이 독수리의 발이 낫과 망치를 쥐고 있는 구도이다.(그림51 참조) 또, 나치스 독일조차 일시적으로 낫과 망치를 노동자의 상징으로 도입했던 적도 있다.

그림87 소비에트·독일 기

제 2차 세계 대전 후에 성립된 동유럽의 사회주의 국가들은 나폴레옹의 정복 국가와 같은 운명을 걷지만, 구소련은 국기 제정에 있어서는 원칙적으로 자국의 전통을 우선했다. 그러나 정치의 내실은 헝가리 사건, 체코 사건 등이 여실히 보여주고 있듯이 힘으로 억압한 것이었다.

구소련과의 관계에서 쓴맛을 본 나라들의 예로 에스토니아, 라트비아, 리투아니아의 발트 3국을 들 수 있다. 이들 나라는 대국에 둘러싸여 침략과 독립의 고난의 역사가 새겨져 있다.

에스토니아

독일 기사단에 의해 식민지를 겪고, 1521년에 스웨덴령이 된다. 1721년부터 제 1차 세계 대전까지 러시아령이었지만, 1917년에 독립을 선언한다. 1940년에 붉은 군대에 점령당하고, 그 후 독일군의 지배를 거쳐 구소련령이 된다. 1990년 3월에 독립을 선언하고, 마침내 1991년 8월 20일에 독립한다.

라트비아

13세기에 독일 기사단령이었지만 16세기에 스웨덴, 그 후 리투아니아에, 18세기에 러시아에게 합병된다. 1918년부터 1939년까지 독립한다. 1940년부터 구소련의 일부가 되지만 제 2차 세계 대전 중 독일군의 점령을 겪고, 1945년 이후 다시 구소련령이 된다. 1990년에 최초의 독립을 향한 움직임이 있은 후, 마침내 1991년 8월 21일에 독립한다.

리투아니아

13세기에 민다우가스에 의해 통일이 성립된 이후 동구에 강대한 국가를 구축하지만, 16세기 폴란드의 일부가 되고, 1795년에는 폴란드 분할에 의해 러시아령이 된다. 제1차 세계 대전 때 연합국의 도움으로 1921년에 독립한다. 그러나 1939년 독소 조약의 결과로 다시 구소련령이 된다. 1990년 3월에 구소련으로부터 독립을 선언하고, 1991년 8월에 모스크바에 있었던 정변 후 독립한다.

이 담담한 역사 기술의 배경에는 셀 수 없는 비극과 끈질긴 전쟁의 역사가 있으며, 이것은 세계의 작은 나라들이 가지고 있는 공통의 역사이다. 특히, 1988년 10월, 에스토니아에서 경제적 독립을 지향한 '인민 전선'이 발족한 이래, 발트 3국은 구소련의 압력을 물리치고 독립을 선언했다. 이렇게 거의 동시에 3국은 새로운 국가를 세웠다. 이때 에스토니아는 푸른색, 검은색, 흰색의 기를, 라트비아는 진홍색, 흰색, 진홍색의 기를, 리투아니아는 노란색, 초록색, 붉은색의 기를 부활시키거나 제정한다.

발트 3국의 기

에스토니아

라트비아

리투아니아

국기에는 주권 회복을 바라는 열렬한 마음이 담겨 있다. 염원의 구체적인 내용은 각국의 국가(國歌)에서 확인할 수 있다. 아래는 라트비아의 국가이다.

아, 신이여! 라트비아에 축복을
우리들 초록의 고향
발트의 영웅들이 걸어온 곳
이 조국을, 바르지 못한 자들로부터 지키소서

우리들의 사랑하는 딸이 여기에 있다
우리들의 사랑하는 아들이 여기에 있다
행복하여라, 우리들을 미소 짓게 하라
우리들의 라트비아, 라트비아

이 국가는 1918년 독립 때 성립했지만, 1988년 11월 18일부터 다시 불리게 되었다. 에스토니아와 리투아니아의 국가도 독립한 조국을 찬양하는 내용이다.

에스토니아와 리투아니아의 국장에 대해 살펴보면,(그림88) 에스토니아의 국장은 금색의 방패 안에 붉은 혀를 가진 3마리의 사자가 그려져 있다. 이것은 덴마크 왕인 발데마르 2세에 유래한 것이다. 발데마르 2세는 1219년에 북방 십자군을 이끌고 그리스도교화하지 않은 에스토니아에 출병했는데, 탈린에 상륙하여 고전하고 있을 때 하늘에서 붉은 글씨에 흰 십자 기가 내려와, 이 기의 가호 덕에 승리했다고 한

발데마르 2세
덴마크의 왕(재위 1202-1241).

리투아니아　　　　　에스토니아

그림88 국장

다. -이 기의 도안이 현재 덴마크 기이다- 에스토니아의 국장이 덴마크 왕의 문장을 계승한 것은 이 왕에 의해 에스토니아가 그리스도교화한 것과 관련이 있다.

리투아니아의 국장은 붉은 글씨에 백마를 탄 은색의 기사가 그려져 있다. 기사는 왼손에 금빛의 이중 십자가 붙은 푸른색 바탕의 방패를 가지고 있다. 그와 관련하여 리투아니아의 국장은 원래 14세기에 발생한 것으로, 이중 십자는 그리스 정교회의 상징이기도 하다. 따라서 이 문장은 일찍이 이 지역이 그리스 정교회를 신봉했던 사실과 연관이 있다. 리투아니아는 13~15세기에 독일 기사단과 가톨릭화를 둘러싸고 전쟁을 반복해 왔으며 국장도 그것과 관련이 있다.

그리스 정교회
동로마 제국의 국교로서 콘스탄티노플을 중심으로 발전한 기독교의 한 교파. 1054년 로마를 중심으로 하는 서방 교회와 분리되었는데, 로마 교황을 승인하지 아니하며 교의 및 의식을 중시하고 상징적, 신비적 경향이 강하다.

이상의 사례는 민족의 전통이 오랜 역사에 의해 키워지고, 그것은 일시적인 힘에 의해 짓눌리는 것이 아님을 보여준다. 사실 발트 3국뿐만 아니라 구소련의 붕괴 후의 러시아도 과거의 표트르 대제의 흰색, 푸른색, 붉은색의 삼색기를 부활시킨다. 또, 우크라이나는 담청색과 노란색, 벨로루시는 흰색, 붉은색, 흰색이다.

구소련의 붕괴는 기라는 심벌에도 반영되어 있지만, 기를 둘러싼 이상의 변천 사례에서도 이것이 정치적 정세에 좌우됨과 동시에 민족의 전통에 깊이 뿌리내린 심벌임을 알 수 있다.

제5장
공동체와 심벌 표식

5 장

공동체와 심벌 표식

1. 하우스 마크와 직인표

유럽에는 문장이나 기뿐 아니라 인장, 그 밖에 엠블렘 등 다양한 '상징적 표식'이 있다. 이들을 총칭하여 심벌 표식이라 한다. 심벌 표식의 기원을 거슬러 올라가면, 이것은 개인을 식별하거나 증명하는 표시에서 발전해 왔음을 알 수 있다. 그러나 다른 한편으로는 그것과는 다른, 집, 길드, 지방 자치 단체, 결사, 동호회, 대학, 기업, 교단, 주(州), 국가라는 공동체나 각종 집단 조직에도 사용되었다.

하우스 마크 옥호나 소유의 표시 의 역사는 아주 오래전으로 거슬러 올라간다. 이것은 유사 이전의 석총에도 새겨져 있으며, 〈문장학 핸드북〉에 의하면, 기원 500년에서 800년까지의 게르만 부족법 (部族法)에도 그런 관습이 있었다고 기록되어 있다.

일반적으로 하우스 마크는 개인 마크가 아니라 가문이나 부족의 마크로, 일가의 토지나 가구 등의 재산의 소유를 나타내는 심벌로 사용되었다. 고대 게르만 사회에서는 토지를 위양(委讓)할 때는 하우스 마크가 새겨진 '지팡이'를 상징으로 전했다. 보통 가장은 후계자인 장남에게 하우스 마크를 계승했는데, 문장이 가지고 있던 개인 상속에 영향을 받아 나머지 아들들도 이것을 일부 변형하여 사용하게 되었다. 그림 89는 14세기 이후의 하우스 마크의 계승 사례이다.

하우스 마크는 그림 90에서 볼 수 있듯이 가로, 세로, 사선(45도)의 직선을 조합시킨 기하학적인 모양이 많고,

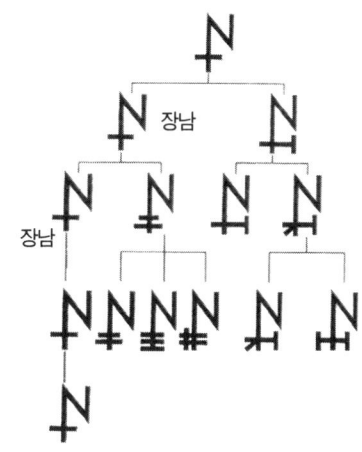

그림89 하우스 마크의 상속 예, 히덴제의 가우 일가

문장과 달리 색채에 의해 표현되지 않는다. 이 단순한 마크의 유래는 그림인지 기호인지 혹은 심벌인지 불분명하다. 그러나 초기의 하우스 마크에는 영적인 것도 내재한다고 여겨졌으며, 룬 문자_{초기 게르만 민족이 쓰던 특수한 문자} 와도 관계가 있다고 전해진다. 적어도 이 단순한 표시는 식자 능력이 없는 사람이라도 용이하게 새겨 넣을 수 있고, 판별하기 쉽게 만들어졌다.

하우스 마크는 독일을 중심으로 벨기에, 네덜란드, 프랑스 북부, 스위스, 이탈리아 북부에서도 찾아볼 수 있다.

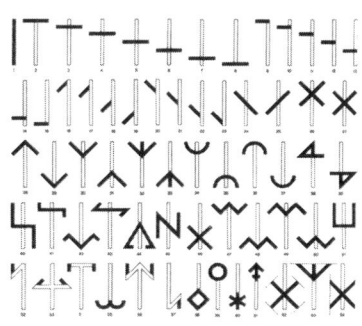

그림90 각종 하우스 마크

이 관습은 전문장(前紋章) 시대에서 시작하여 오랜 역사를 거쳐 현재에도 농민의 하우스 마크로 일부 계승되고 있다. 그들은 집의 대문이나 현관, 자신의 소유물과 농기구에 마크를 새겨 넣거나, 가축의 귀에 칼로 독자적인 모양의 상처를 내거나, 달군 인두로 마크를 표시하거나 했다. 이것은 생활 속에서 만들어진 농민의 지혜라고 할 수 있는 관습이다.

물론 농민의 경우처럼 어민의 하우스 마크도 있다. 그들은 배나 어구(漁具) 등의 소유물에 마크를 새겼다. 11세기 이후, 시민과 도시 귀족까지도 마크를 사용하고, 게다가 문장을 소유하는 관습이 확산되면서 그림 91처럼 하우스 마크는 문장도 안에 등장하게 된다. 원래 하우스 마크도 문장처럼 가계를 나타내는 표시였기 때문에, 양자의 관계는 당연한 것이라 말할 수 있다. 또, 이 마크는 인장에도 새겨져 계약 체결 시에도 사용되었다.

그림91 하우스 마크의 문장화

장인들이 제작한 상품에 마크를 넣는 관습은 이미 고대 그리스 로마 시대에도 찾아볼 수 있다. 특히, 도공들이 도기에 표시한 마크는 널리 알려져 있다. 또, 이것은 금, 은, 주석 제품에도 새겨졌고, 이를 통해 장인의 기술에 자긍심을 읽을 수 있다. 그러나 가장 유명한 것은 석공 장인의 심벌 표식이다. 그들은 12~13세기에 이미 각지에 건설된 성당의 석조 일부에 독자적인 표시를 남겼다. 이것은 도공이나 석공뿐 아니라 목수, 조각가, 직물업자 등의 직종에까지 퍼졌다.

그림 92에서 볼 수 있듯이, 각각의 직인표 장인의 제작 표시 는 전반적으로 기하학 도형이 기본으로, 하우스 마크와 닮아 있다. 직인들은 홀로 서게 되면, 속해 있던 길드나 형제단에서 마크를 받아 자신이 한 일에 새겨 넣었다. 그러나 도장인(都匠人)과 장인의 마크는 달라서, 이것을 문장화하는 것은 도장인만이 가능했다. 직인표는 14세기경부터 가문의 문장으로 이어졌고 다른 한편으로는 길드 문장으로, 더 나아가 프리메이슨의 문장이나 심벌로 유입되었다.

석공

주석 장인

금은세공

도자기 장인

직물공

그림92 직인표

프리메이슨
18세기 초, 영국에서 시작된 세계시민주의적, 인도주의적 우애를 목적으로 하는 단체. '로지'라는 집회를 단위로 구성되어 있던 중세의 메이슨(석공) 길드에서 비롯되었다. 그리스도교 조직은 아니지만 도덕성과 박애 정신 및 준법을 강조하는 등 종교적 요소를 포함하고 있어, 가톨릭교회와 가톨릭을 옹호하는 정부로부터 탄압받게 되어 비밀 결사적인 성격을 띠었다.

2. 길드와 문장

중세의 수공업자들은 도제(徒弟) 제도에 의해 보통 도장인(都匠人), 장인(匠人), 도제(徒弟)의 신분으로 구분되었다. 그들은 12세기경부터 길드 독일에서는 츈프트 라고 불리는 동직 조합을 만들었다. 이것은 영국, 프랑스, 독일, 이탈리아 등 유럽의 광범위한 지역에서 확인된다. 이 동직 조합은 음식과 섬유 관련 업종의 역사가 오래되었는데, 곧 중세의 신분 제도와 그리스도교의 형제애 등을 배경으로 확대 정비되었다.

길드는 이른바 수공업자의 이익을 지키는 일종의 닫힌 공동체로 주문 알선, 재료 수배, 품질 관리, 독점 판매 등의 경제적인 측면뿐 아니라 환자나 고령의 직인에 대한 부조(扶助) 등의 사회 보장이나, 도제와 장인 양성, 자격 인정 등의 교육적인 면도 통괄했다. 또, 그리스도교에 뿌리를 둔 윤리, 도덕을 익히게 하는 한편, 도시부(都市部)에서는 시 참사회(市參事會) 등에 권리를 요구하여 정치적으로도 큰 영향력을 미쳤다. 그리고 건축, 토목, 섬유, 의류, 피혁, 금속 가공, 식품, 양조 등의 분야를 체계적으로 조직화하여 중세에 가장 큰 세력을 형성했다.

직종별 독점을 맡은 길드가 인장, 문장, 기 등을 제정한 것은 당연한 일이었다. 왜냐하면, 그들은 이 심벌에 의해 조직 내의 결속과 연대를 꾀하면서도 책임 소재와 특권을 명시할 필요가 있었기 때문이다. 14세기경부터 길드에 인장이 나돌게 되었는데, 이것은 도장인의 면허장, −그림 93의 인장에는 가위 심벌을 확인할 수 있다− 도제 수료증, 편력하는 직인의 통행증서 등과 같은 각

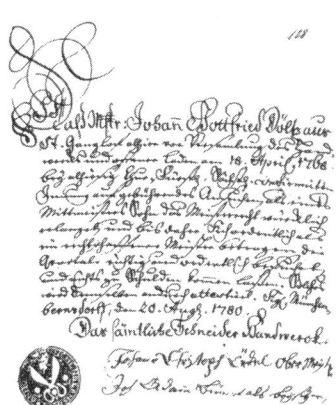

그림93 도장인의 면허장

그림94 길드의 문장

종 길드의 증명서 발행과 계약 체결 시에 사용되었다. 게다가 14~15세기에 걸쳐 기사 문장의 영향을 받아 길드 문장이 제정되는데, 그 경위는 도시 인장과 도시 문장의 경우와 유사하다.

길드 문장을 구체적으로 살펴보면, 목수는 도끼와 자, 대장장이는 불집게나 망치, 재단사는 가위, 제빵사는 빵 모양, 광부는 정과 망치, 뱃사공은 노와 닻이다.(그림94) 그들은 각각의 직종을 연상시키는 도안이나 마크를 그렸으며, 그중에는 자신의 군주의 문장을 덧붙여 군주의 비호를 나타낸 예도 찾아볼 수 있다. 이것은 본래의 문장과 달리 혈연이 아닌 길드라는 공동체에 의해 계승되었으며, 이런 모습에서 중세 이후 공동체 내에서의 긴밀한 인적 관계를 느낄 수 있다. 단, 도장인의 아이들이 도장인의 권리를 그대로 취득하고 도장인이 된 경우도 상당히 있

5장 | 공동체와 심벌 표식 153

다. 이 경우는 길드 문장이 혈연관계에 의해 상속된 것이다.

　길드가 도시 공동체 내에서 역량을 더해가자, 일찍이 지배 세력이던 도시 귀족과 알력이 생겨났다. 도시 귀족 간의 대립이 이른바 '길드 투쟁'으로, 특히 14세기에 이탈리아와 독일에서 다발한다.

　쾰른에서는 1369년부터 1371년에 주로 직물 길드가 중심이 되어 '길드 투쟁'이 일어나는데 길드가 승리한 결과로, 그림 95에 보이듯 새로운 도시 통치 체제가 성립한다. 국왕과 두 명의 시장 ―복수 사례는 다른 도시에도 있다― 밑에 왼편에 49명의 참사회(參事會) 구성원이 그려져 있다. 그 내역은 문장도(紋章圖)로도 알 수 있듯이 직물을 비롯하여 대장장이, 피혁, 금세공, 비철, 어

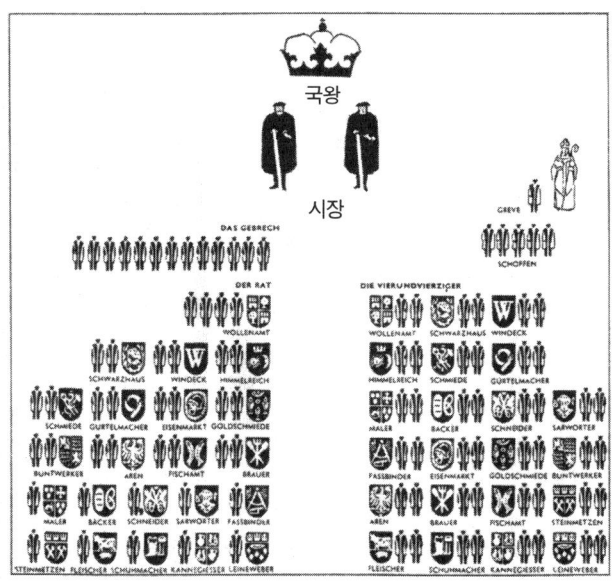

그림95 쾰른의 도시 통치와 길드(14세기 말)

상(魚商), 양조, 재단사, 도장, 빵, 통, 석공, 고기, 구두, 아마편직 등 22업종의 대표 36명과 임의로 선출된 13명이다.

직물 길드가 4명의 시 참사회 대표 틀을 가지고 있었던 것은 '길드 투쟁'을 지도했기 때문이라고 추측된다. 오른편에는 시 참사회를 보완하는 재판관과 44명의 사람들이 그려져 있고, 이후에도 마찬가지로 길드가 큰 세력을 차지하고 있음을 문장도에서 확인할 수 있다.

길드는 점차 직종이 세분화된다. 그림 96은 스위스 정육업자의 길드 문장을 보여주고 있다. 더욱이 이들 직종을 통합하고 연합하는 경우도 있어, 그것을 심벌화한 사례도 찾아볼 수 있다.

또, 길드 투쟁이 확대되어 그들이 단합해 정치 투쟁을 일으키면, 봉건 영주도 위협을 느낄 정도였다. 1430년에 코블렌츠에서 황제 지기스문트는 봉기한 길드에 대해 "길드는 독자의 기를 가져서는 안 되고, 도시의 기 표시에서도 벗어나지 마라."고 명했다. 여기에서 알 수 있듯이 길드는 인장과 문장뿐 아니라 독자의 기도 제정하고 있었음을 알 수 있다.

길드는 길드 회관을 가지고 정기적으로 모임을 열었다. 그림 97은 아우크스부르크에 있는 14세기

그림96 정육업과 길드 문장

그림97 길드 회관의 내부(아우크스부르크)

말의 직물 길드 소유의 회관 내부이다. 좌우에 중요 문서, 인장, 심벌 등을 보관하는 궤가 보이고, 벽에는 도장인들이 문장과 함께 그려져 있다.

또, 길드는 그리스도교와 관련이 깊어 수호성인을 모시고 있었다. 직인들은 수호성인에게 가호를 기원하며, 현세뿐 아니라 사후 세계의 행복까지도 기원했다. 예를 들면, 성 요셉은 목수였던 까닭에 목수 길드의 수호성인이, 세례자 요한은 황야에서 낙타털로 짠 옷을 입었다는 일화로 재단사의 수호성인이, 성 안토니우스는 돼지 등의 가축을 전염병으로부터 지켰던 것에서 정육점의 수호성인이 되었다. 또, 성 베드로는 그리스도로부터 열쇠를 위양 받았다는 일화로 자물쇠 업자의 수호성인이 되었다. 수호성인의 축일은 길드의 최대 행사였고, 도시에서는 화려한 장식이 설치되고, 악대를 선두로 행렬을 지어 함께 행진한다. 길드의 기는 행렬의 심벌로서 축제 분위기를 한층 북돋았다.

다음에 인용한 것은 1725년에 독일 북부의 뤼벡에서 개최된 가구 직인의 행렬을 기록한 것이다. 선두 그룹에는 '5명의 악대와 검을 든 세 명의 소년, 마을 문장을 본뜬 놋쇠로 만든 큰 독수리를 장식한 창을 든 대장'이 걷고, '5개의 기둥 양식 모델을 다섯 명의 직인이 운반한다' ……. 그리고 다음 그룹이 이어진다.

"다섯 명의 악대와 검을 손에 든 세 명의 소년, 술 장식이 있는 기를 든 기수의 순이다. 이 기는 여러 곳, 예를 들면 시 간부의 집 앞에서 흔들었다. 목제(木製)의 장검을 가진 사람, 민족의상을 입은 두 명의 라플란드 인과 한 사람의 사모에드 인, 열여섯 명의 젊은이가 운반하는 방패가 그 뒤를 잇는다. 그 곁을 검을 든 네 명의 직인이 수행한다. 네 명은 각자의 엠블렘에 의해 봄, 여름, 가을, 겨울을 나타낸다. ……"

그 뒤를 연장을 든 목수 직인이 따른다. 또, 외국인은 당시 직인의 편력 의무에 의해 뤼벡에 와 있던 사람들이었을 것이다.

이러한 직인장이나 길드 문장도 자본주의와 함께 성장해, 상표나 회사의 로고에 간접적인 영향을 미친다. 널리 알려진 예로, 상업의 신 헤르메스의 소유물인 두 마리의 뱀이 휘감고 있는 지팡이, 약국의 상표인 유니콘처럼 직업을 나타내는 것에서, 검을 교차시킨 마이센 도자기 마크, ―왕후 문장이 기원― 헹켈의 쌍둥이처럼 기업의 상표에 이르기까지 다양하다. 이것들은 현대에도 존속하며 상표권으로서 보호받고 있다.

3. 중세 도시의 문장

　11세기경부터 발달한 유럽의 중세 도시는 중심부에 교회와 광장을 두고, 주변부는 성벽으로 둘러싸여 있는 구조로 되어 있다. 이 성곽 도시에는 문이 있어 문지기가 이를 지키고 밤이 되면 굳게 닫힌다. 특히, 도시의 방어는 유럽의 도시 주민들이 안고 있는 절실한 소망이었다. 그러한 의식은 이민족과 접촉하며 전쟁에 시달려온 유럽의 지리적, 역사적 조건에 의해 생겨났다. 이렇듯 성문에 의해 보호되던 도시는 그 자체로 일종의 공동체를 형성했고 연대감이 싹텄다.
　도시 공동체는 상업적, 군사적, 종교적인 활동을 위해 약 12세기경부터 인장이나 기 같은 심벌을 이용했다. 특히, 도시 문장은 인장을 근간으로 13세기경부터 제정되기 시작했는데, 도시 문장의 모티브는 성문, 탑, 수호성인, 도시의 특색을 나타내는 것, 지배하고 있는 영주와 관련된 것이 많다. 개인 문장이 방패나 투구, 투구 장식 등에 새겨지듯이 도시 문장도 방패뿐 아니라 대문장(大紋章)으로도 그려진다.
　그림 98은 함부르크의 1241년의 인장이다. 좌우에 성벽의 탑이 있고, 그 중앙 아랫부분에 있는 성문은 닫혀져 마을은 보호받고 있다. 또, 뒤쪽에 보이는 교회 탑의 위쪽에는 두 개의 '마리아

문장   인장

그림98 함부르크의 문장과 인장

의 별'이 반짝이고 있다. 이 구도는 성벽에 둘러싸인 중세 도시의 모습을 그린 것으로 그곳에 살고 있는 시민들의 의식을 여실히 반영하고 있다.

왜냐 하면, 시민들의 눈을 통해 군사적, 정치적, 종교적으로 도시 공동체의 연대와 결속을 꾀할 필요가 있었고, 그 배경에 깔려 있는 도시의 중세적인 집단주의를 확인할 수 있기 때문이다. 함부르크의 인장은 13세기경 도시 문장으로 변천하는데, 이 구도의 전통은 현재의 문장에까지 계승되고 있다.

브레멘은 1514년에 제국 직속 도시가 되기까지 대주교의 지배하에 있었다. 그런 까닭에 이미 12세기 후반에 발행된 동전에 열쇠를 든 베드로와 끝이 굽은 지팡이를 든 대주교가 그려져 있다.(그림99, 오른쪽) 이 동전의 도안과 밀접한 연관관계에서 열쇠를 든 베드로 상이 도시 문장이 되었다. 이후, 1369년에 브레멘 시 참사회가 대주교가 가지고 있던 조폐권을 얻게 되면서 동전에 열쇠만이 도안화되었고, 문장도 동일하게 열쇠만 클로즈업하여 간

그림99 도시 문장의 변천 (브레멘)

략화했다.

곧 브레멘도 나폴레옹의 지배하에 놓이면서, 문장은 나폴레옹이 좋아한 꿀벌이 추가된다.(그림99, 가운데) 이어서 1891년에 현재 사용되고 있는 문장이 제정되었다.(그림99, 왼쪽) 또, 장식용 문장의 변형도 여러 가지 나타난다. 여기서 흥미로운 것은 시대가 바뀌면서 열쇠에 담긴 의미가 변하고 있다는 점이다. 열쇠는 사도 베드로에게서 유래했기 때문에 '천국의 열쇠'로 풀이되지만, 종교개혁 후에는 종교적인 의미에서 벗어나 브레멘의 지리적 위치에서 '니더작센의 열쇠' 혹은 '바닷길로의 열쇠', '세계로의 열쇠'라는 의미로 사용된다. 여기에도 자유 무역을 목표로 했던 한자(Hansa) 도시 시민의 의지가 담겨 있다.

마지막으로, 성과 도시의 방위 모습을 심벌화한 '내리닫이 격자문'은 적의 침입을 막기 위해 성문에 설치한 것에서 문장의 유래가 되었다. 그 예로 볼 수 있는 것이 프라하와 아이젠휘텐슈타트의 도시 문장이다.(그림100) 프라하의 것은 그림 100의 오른

한자(Hansa) 도시
해상 무역이 활발하던 13~17세기경에, 무역의 안전을 확보하기 위해 무역 동맹을 맺은 도시를 말한다. 한자란 고대 독일어로, '무리'를 뜻한다.

쪽 것으로, 붉은 바탕에 금색의 내리닫이 격자뿐 아니라 검을 쥐고 있는 팔이 그려져 있어, 도시 수비에 대한 더욱 강한 의지를 드러내고 있다.

도시 문장은 개인 문장에 비해 지배하던 영주의 교체, 병합, 점령 등의 경우를 제외하면 분할되거나 새로 바뀌는 경우가 적어 비교적 단순한 문양으로 계승되고 있다. 그 모티브는 인장이나 기의 경우처럼 주민들에게 익숙한 것이 대부분으로, 그런 만큼 변경하는 데 많은 저항이 있었다.

단, 마을을 합병한 경우에는 분할 합성한 문장도 만들어졌다. 어찌되었건 유럽에서 문장은 공동체라는 횡적인 관계를 나타내는 심벌이었고, 이것이 오랜 세월을 거쳐 발전해 온 것임을 알 수 있다. 위에서 설명한 것은 도시 문장의 일례지만, 훗날 각 주(州)의 문장도 이 연장선상에 자리하고 있다.

그림100 내리닫이 격자문 문장

4. 신심회, 정치 결사, 비밀 결사와 심벌 표식

단체나 결사에는 많은 종류가 있어, 개방된 단체 조직부터 엄격한 규율을 동반한 폐쇄적인 조직까지 다양하다. 개방된 단체 조직의 경우에는 뚜렷한 사례를 찾아볼 수 없지만, 일반적으로 결사의 가입 시에는 독특한 의식을 행해 결속력의 강화를 꾀했다는 사실은 이미 알려져 있다. 이것은 세례, 기사 서임식, 형제단, 신심회, 길드의 가입 의식에서도 찾아볼 수 있다. 이때 심벌도 큰 역할을 수행했다.

12~13세기 무렵부터 유럽에 탁발수도회의 프란체스코회가 창설되고 가르멜회, 아우구스티누스회 등과 함께 수도회가 도시를 중심으로 확대되었다. 이들 회파도 심벌로서 문장을 가지고 있는 경우가 많았다.(그림101)

이 문장들의 그림을 보면 알 수 있듯이, IHS는 '예수'를 나타내는 문자이며 PAX는 '그리스도의 종' 등을 의미하는 것으로 그리스도나 성자와 연관된 것이 많다. 조금 성격은 다르지만, 이것과 유사한 것으로 로마나 산티아고데콤포스텔라로 간 순례단이 달았던 십자나 조개 배지 등이 있다.(그림102)

그림102 순례의 표식
(모자나 망토의 조개 표시 등)

그림101 수도회의 문장

프란체스코회(Franciscan Order)
1209년 아시시의 프란체스코가 창립한 탁발수도회로, '작은 형제회'로 창설되었다. 교황 인노켄티우스 3세의 승인을 얻어 복음을 받들고, 청빈 정신을 주창하며 편력 설교를 통해서 그리스도의 사랑을 전파하는 수도회이다.

가르멜회(Carmelite)
가톨릭의 탁발수도회로, 베르톨더스가 1154년 이스라엘 서북부 갈릴리 지방의 가르멜 산에 창설한 것이 그 기원이다. 공동생활을 하면서 기도, 절식(節食), 침묵을 통해 사랑의 정신에 철저할 것을 목적으로 한 관상(觀想) 수도회이다.

아우구스티누스회(Augustinian)
성 아우구스티누스의 수도회칙을 지키는 로마 가톨릭교회의 남녀 수도회이다.

이것들은 순례라는 여행에 있어서, 지역을 초월한 그리스도교도로서의 공통의 아이덴티티를 나타내는 표식이었다.

마찬가지로 중세의 민중들 사이에서는 신심회(信心會)가 퍼지고 있었다. 이것도 심벌이나 복장에 그려진 표시가 조직의 연대와 결속의 증거였다. 원래 신심회는 성지 순례의 상호 보조회로서 발족한 것으로, 수호성인 -마리아, 요한, 야곱 등- 을 신앙의 핵으로 정기적인 모임을 갖고 있었다. 그림 103은 '성 요한의 신심회'의 사람들이 기도하는 모습으로, 지팡이를 모티브로 한 심벌을 붙여 결속을 꾀하고 있음을 확인할 수 있다.

집단 사회였던 중세의 사람들은 서로의 견고한 연대 속에서 현세를 살고, 특히 사후의 평안을 중요시했다. 저 세상에서의 행복한 삶은 '기부'를 통해 약속받았기 때문에, 사람들은 가난한 사람과 환자를 위해 자선 사업을 행하고 봉사 활동을 했던 것이

그림103 성 요한 신심회의 표식

다. 물론 이러한 배경에는 신심회의 조직망 확대가 있었다.

그런데 11~12세기경부터 볼로냐(1088년), 파리(12세기), 옥스퍼드(12세기) 등에 대학이 설립되고, 이어 케임브리지(1209년), 로마(1303년), 빈(1365년), 하이델베르크(1386년) 등에 대학이 설립되었다. 초기의 대학은 넓은 의미로 일종의 동직 조합과 같은 조직이었다. 교수와 학생은 도장인과 도제의 관계로 볼 수 있고, 학생에서 교수가 될 때도 정해진 규칙에 따라 가입 의례가 행해졌다.

이렇듯 길드와 유사하지만 대학의 학부나 학과는 독자의 마크를 가지고 있었다. 대학이 심벌을 필요로 한 가장 큰 이유는 증명서의 발행 때문이었다. 이런 이유로 대학은 인장을 제정했는데,(그림104) 그 연장선상에서 대학의 문장이 생겨났다고 할 수 있

그림104 대학의 인장

옥스퍼드 케임브리지 에든버러

그림105 대학의 문장

다.(그림105) 이것은 시대적으로 도시 문장, 길드 문장의 성립과 거의 같은 시기에 이루어진다. 그런 의미에서 중세 유럽의 공동체 생성과 심벌로서의 문장은 밀접한 관계에 있었던 것을 알 수 있다.

'독일 농민전쟁'이라는 농민 봉기도 결사(結社)의 역사에서 중요한 의미를 가진다. 그들은 분트슈라는 당시 농민이 사용하던 가죽 구두와 긴 끈을 심벌화한 기(그림106) 아래 낫과 가래, 갈퀴 등을 들고 영주에 반란을 일으켰다.

역사적으로는 알자스의 1493년 봉기, 슈파이어를 중심으로 한 1502년과 1513년의 반란 계획, 분트슈 기를 내세운 1517년의 농민 봉기가 꾀해졌다. 그들은 1525년에 12개조의 통일 요구를 올렸는데, 그 요구란 마을 공동체가 목사 선출권을 가질 것, 10분의 1세금의 폐지, 부역의 경감 등 그렇게 과격한 내용은 아니었다. 그러나 영주의 탄압은 극에 달했고, 많은 희생자를 내고 운동은 진압되었다.

그림106 농민 봉기와 분트슈 기

기의 역사에서 보면, 분트슈 기는 획기적인 역할을 맡았다고 할 수 있다. 종래의 기는 대부분 지배자 측에 의해 사용되었지만, 분트슈 기는 완전히 다른 하층민 측에서 사용한 예이다. 분트슈라는 흔히 주변에 있는 표식은 식자 능력이 없던 농민에게 단결의 상징이었으며, 봉기가 광범위한 지역으로 확대된 것은 당시 농민에게 공동체를 방어하기 위한 결속이 뿌리 깊게 내재하고 있었기 때문이다. 어찌되었든 분트슈 기는 프랑스 혁명, 붉은 기를 들어올린 프롤레타리아 혁명, 노동자들의 파업과 조합 활동에 이용되는 기의 기원을 이뤘다.

정치 결사의 시작은 이미 프랑스 혁명 초기에 확인할 수 있고, 자코뱅당 프랑스 혁명기 급진파의 결사 등이 결사의 문장을 제정하여 단결과 연대를 강조했다. 또, 그것은 독일의 마인츠 자코뱅당 등에

그림107 자코뱅당 문장 (마인츠)

그림108 독일 사회민주당의 기 끝 장식과 메데 풍경
('만국의 노동자여, 단결하라!' 의 슬로건)

게도 답습되어 그들도 그림 107과 같은 자코뱅 문장을 사용하고 있다. 이후, 함바흐 축제나 1848년의 혁명 때도 프랑스 혁명에 이용된 '자유, 평등, 박애' 의 슬로건을 넣은 기가 사람들을 고무시킨다.

19세기 후반에 성립된 정당이나 노동조합 등의 결사도 대부분 기나 엠블렘을 제정하고, 이를 심벌로 한다. 그 예로, 1869년에 모제스 헤스가 바젤에서 '국제노동자협회' 를 개최했을 때, 참가자들이 붉은 기를 중심으로 찍은 기록 사진이 남아 있다. 이것을 보더라도, 기가 연대의 상징이었음을 알 수 있다. 또, 라살파와 리프크네히트파가 합류해 결성된 사회민주노동당도 당기를 만든다.(그림108) 이 같은 전통은 다른 정당에게도 답습되어 현재에 이르고 있다.

결사 중에서도 무엇보다 심벌과의 관계가 더욱 분명한 것은 비밀 결사이다. 비밀 결사는 회원만이 굳게 지켜야 하는 규칙이나 심벌이 만들어진다. 그 예로, 장미 십자회를 들 수 있다. 장미와 십자가의 연관은 당연히 그리스도교에 기초하고 있지만 C. 매킨토시에 의하면, 루터의 문장에 유래한다고 한다. 그것은 그림 58에서 보이듯 5장의 꽃잎을 가진 장미와 십자를 조합시킨 것으로, 장미 십자회에 의하면 각각의 의미는 다음과 같다.

"십자는 구세주의 예지를 나타내고, 완전한 지식을 의미한다. 장미는 청정, 육욕적 욕망을 단연히 꺾는 금욕의 상징이며, 또 연금술의 선단(仙丹)을 상징한다. 즉, 모든 더러움으로부터의 정화, 만능적 묘약의 완전 성취의 상징이기도 하다. 또, 그것에는 은밀히 전해지는 우주 창조설도 엿보인다. 그것에 의하면, 십자(남성의 상징)는 창조적, 신적 에너지의 상징으로서 근본적인 물질인 암흑의 자궁 – 여성의 상징으로 장미로 표현– 에 씨앗을 주어, 우주를 발생시키게 된다."

이 비밀 결사의 가입 의식은 '준비의 방', '검은 방', '붉은 방' 안에서 행해졌다. 지원자는 죽음의 세계인 '검은 방'에 들어가 여러 가지 시련을 겪은 후, 마지막으로 '붉은 방'의 최고위의

장미 십자회(Rosicrucians)
예수 그리스도의 부활과 구속을 뜻하는 십자가와 장미 문장이 그려진 깃발을 사용했기 때문에 붙여진 이름이다. 1614년에 출간된 〈형제애에 대하여〉에 따르면, 독일 귀족의 집안에서 가난하게 태어난 로젠크로이츠는 이집트, 다마스커스, 아라비아, 모로코를 여행하면서 아랍 인들의 신비 지식을 전수받았고, 고향에 돌아온 후에 마술, 연금술 등을 소수의 제자들에게 가르쳤다고 한다. 세 명의 제자를 받아들여 비밀 결사를 만들고, '성령의 집'이라는 큰 저택에서 네 명의 제자를 더 받아들여 8명의 형제단이 된다. 기존의 가톨릭교를 반대하는 반(反)가톨릭적인 기독교 비밀 단체로, 가톨릭 단체 및 교회로부터 지탄과 경계의 대상이 되었다.
로젠크로이츠가 어디서 생을 마쳤는지, 어디에 묻혔는지는 아무도 모르고 있었으나, 120년이 지난 후 우연한 기회에 그의 무덤이 발견되었다. 지하 묘소의 입구에는 큰 글씨로 이런 글이 쓰여 있었다. "120년 후에 다시 나타날 것이다." 그의 무덤 속에서 신비의 가르침이 담긴 여러 권의 책들이 나왔으며, 가운데 제단 속에서 잘 보존된 그의 육체와 함께 한 손에는 성경 다음으로 가장 중요하게 여겼던 신비 지식의 양피지 두루마리가 들려져 있었다.

반더포겔(Wandervogel)
1901년 독일에서 일어난 자발적인 청년 운동으로, 반더포겔은 독일어로 '철새'라는 뜻이다. 철새처럼 낯선 지방을 순회하면서 견문과 체험을 쌓아, 인간적인 성장을 꾀하려 했다.

'장미 십자'를 손에 넣으면 끝난다. 이것은 나중의 프리메이슨의 가입 의식으로 이어진다.

프리메이슨 조직은 각지에 로지(lodge)라는 집회를 가지고 있었는데, 이곳의 회합에서도 메이슨(석공)의 상징인 컴퍼스, 이등변삼각형, 망치, 사다리, 태양, 달, 눈 등이 심벌화되어 있다. 이들의 심벌은 '프리메이슨 헌장'에 근거한 세계관을 언어가 아닌 도형으로 전하는(그림109) 것으로, 그들은 하나의 국가뿐 아니라 국제적인 결합을 목적으로 하고 있다. 이것은 프리메이슨의 세계 시민적 이상에 의한 것으로, 이념과 심벌이 밀접하게 관련한 사례로 볼 수 있다.

그 외, 유럽에서는 살롱, 독서협회, 학자협회, 노동조합, 학생조합, 반더포겔, 각종 동호회적 그룹 등 단결이나 결사는 수없이 많다. 또한, 결사의 아류인 도둑의 신디케이트에도 은어뿐 아니라 그 조직 내에서만 통용되는 공통적인 표시가 있었다.

H. 벤케의 〈은어, 표식, 눈짓, 도둑 간의 의사소통〉에는 18세기 이후 도둑단의 흥미로운 실례가 실려 있다. 그림 110은 표식과는 조금 이질적인 것이지만, 조직 내에 의사소통의 표시로서 장인이나 집시가 이용하고 있던 것과 유사하다고 볼 수 있다. 이상의 사례에서 결사에도 사람

그림109 프리메이슨의 심벌과 회합

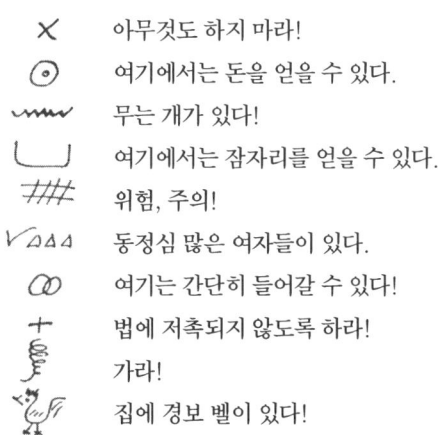

그림110 도둑단의 표식

들을 묶는 시각적인 미디어가 불가결하다는 사실을 이해할 수 있다.

제6장
차별과 심벌

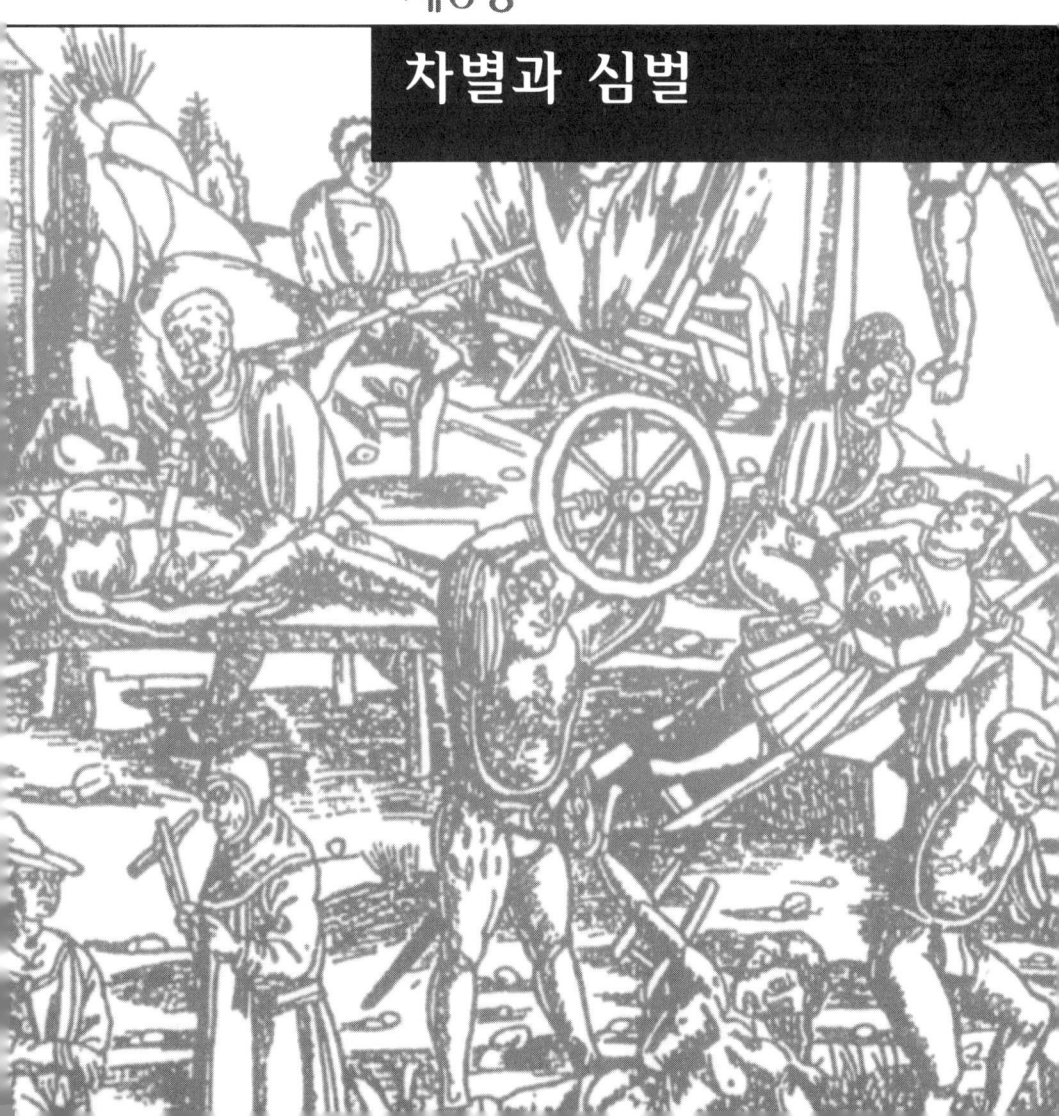

6 장

차별과 심벌

1. 황색은 유대 인 차별의 표시

이상에서 설명한 문장, 왕관, 기, 훈장 등은 주로 사회를 지배해 온 상류 계급에 속한 것이었다. 이것들은 권위를 과시하는 상징으로 제전이나 정치, 통치에 커다란 역할을 맡아 왔다. 그러나 그와는 정반대로 반역자나 죄인, 사회의 하층 계층에 속한 사람들을 한층 눈에 띄도록 하기 위한 마크나 표식 등이 있었다. 그림

그림111
교수형과 문장

111에 보이는 교수형과 그 밑에 놓인 문장 그림은 본래의 문장이 가진 기능인 개인이나 가계의 영예를 현시하는 것과는 달리, 오히려 모욕의 표시로 사용되고 있다.

또, 영주에게 반란을 일으켰던 앗시아(Assia)의 테오발트가 패하자, 이를 본보기로 삼기 위해 차륜형 _{철로 보강한 수레바퀴로 뼈를 부수고, 흐느적거리는 손발을 그 수레바퀴에 묶어 두는 형벌} 에 처해진다. 그때 절단된 신체와 함께, 문장과 동일한 기가 올려진다.(그림112)

쾰른에서는 평화를 어지럽힌 사람에게 '조소(嘲笑)의 기'를 들고 거리를 걷게 했다. 이른바 이들 표시는 사회적 제재를 위한 상징이었음을 알 수 있다. 또, 문장이나 기는 아니지만 유대 인에 대한 황색 마크, 이단자에게 씌워졌던 모자, 나병 환자의 방울 등도 차별을 조장하는 심벌이었다.

이 같은 심벌 표식이 가진 '눈에 띄는' 기능은 신분 사회에서 상급 계급을 더욱 권위적으로 만드는 한편, 사회의 아웃사이더나 죄인을 단죄하고 차별하는 양면성을 가지고 있다. 요컨대, 심벌 표식은 당시의 수직사회의 상하 관계를 나타내는 역할을 맡고 있었다.

폭동, 화상, 역병, 물가 폭등, 폭락 등이 발생했을 때, 제일 먼저 유대 인들이 범인으로 거론되었고 마녀와 마찬가지로 말할 수 없는 희생을 당해 왔다. 특히, 페스트가 창궐했을 때는 '유대 인이 샘에 독을 넣었다'는 소문이 퍼졌다.

유대 인이 각종 표식에 의해 차별받았던 사실은 잘 알려져 있다. 1215년에 열린 로마의 제4회 라테라노공의회에서 유대 인을 독자적인 옷차

라테라노공의회(Lateran Council)
로마의 라테라노 대성당에서 열린 5회에 걸친 세계 교회 회의.
제1회(1123), 제2회(1139), 제3회(1179), 제4회(1215), 제5회(1512-1517).

그림112 반란과 보복

림으로 사회에서 구별하기 위한 결의가 행해졌다. 그 후, 1267년 빈의 성무원 聖務院, 개신교의 최상위 입법 기관 에서는 유대 인을 한눈에 알아볼 수 있도록 그림 113에 보이듯 뾰족한 모자를 쓰게 했는데, 모자의 색은 대개 황색으로 정해졌다. 훗날 모자 대신에 도넛 모양의 황색 천을 옷에 달아야 했다. 이 같은 규정은 13세기 이래, 유럽 각지의 도시법에서 확인할 수 있다. 그리고 그들은 세로 줄무늬나 미파르티 Mi-parti, 세로로 색 구분이 된 옷 의 착용도 요구받게 된다. 황색이나 세로 줄무늬는 매춘부나 광대의 상징으로 차별받아 왔다.

그림113 모자에 의한 유대 인 차별

1495년에 뉘른베르크에서 출판된 한 장의 판화는(그림114) 1477년에 파사우에서 일어난 한 사건에서 유래한다. H. 보크만의 〈후기 중세의 도시〉의 자료를 근거로, 왼쪽 위부터 오른쪽으로 편의상 번호를 붙여 설명한다.

1. 도둑이 어느 그리스도교도가 봉납한 8개의 호스티아
 (성찬식용 빵)를 훔친다.
2. 도둑이 유대 인에게 판다.
3. 유대 인은 호스티아를 유대 인 교회로 옮긴다.
4. 한 유대 인이 호스티아를 칼로 찌르자 거기에서 피가 흐르기
 시작한다.
5. 호스티아는 2개씩 프라하, 잘츠부르크, 빈의 유대 인 거주구
 로 옮겨진다.
6. 8개째의 호스티아는 그리스도교의 신앙을 시험하기 위해
 태워진다. …… 그러자 두 명의 천사와 두 마리의 비둘기가
 화로에서 날아올라, 이 시험은 유대 인에게 부정적인 결과를
 낳는다.
7. 유대 인이 투옥된다.
8. 유대 인 중, 세례를 받은 4명은 검으로 처형된다.
9. 2명은 불집게로 고문을 받는다.
10. 나머지 사람들은 화형을 당한다.
11. 호스티아를 훔친 도둑은 형장으로 끌려가, 뜨겁게 달군
 불집게에 찔린다.
12. 유대 인 교회는 무너지고, 그곳에 교회가 세워진다. ……

장황하게 그림에 대한 설명문을 인용하는 것은 유대 인에 대한 학대 상황을 이해하고, 그와 함께 유대 인의 의복에 달려 있는

그림114 유대 인에게 붙여진 도넛형의 표시

황색의 도넛형의 표시를 확인하기 위해서이다. 이 그림을 통해서
도 유대 인은 실제로 황색의 도넛형의 헝겊 조각을 가슴이나 등

6장 | 차별과 심벌 179

에 꿰매고 있었던 것을 알 수 있다. 또, 8의 그리스도교의 세례를 받은 유대 인이 검으로 처형되는 것은, 처형 방법 중에서도 가장 명예를 잃지 않는 방법으로 자비심을 보여주고 있다.

유대 인이 이른바 게토(ghetto)라는 특정 지역에 갇혀 산책 코스까지 결정되어 있었다는 이야기는 이미 널리 알려져 있다. 하지만 그뿐 아니라 그들에게는 직업, 결혼 등의 제한도 가해지고 있었다. 계몽주의, 프랑스 혁명, 나폴레옹 시대에는 유대 인이 해방 정책의 은혜를 입었던 시기도 있었다. 하지만 유대 인에 대한 차별 감정은 나폴레옹 실각 후 빈 체제하에서 정해진 '유대 인 권리 제한법' 등에 의해 다시 조장된다.

이런 고뇌의 예는 유대 인 작가 하이네나 베르네의 문학 작품 속에 사실적으로 그려져 있다. 베르네는 이렇게 말한다. "그렇습니다. 나는 하인으로 태어났기 때문에 누구보다도 더 자유를 사랑합니다." 그는 유대 인 차별을 계기로 펜을 들고 투쟁한 것이다. 이렇게 베르네는 유대 인의 해방을 인류 전체의 해방으로 보편화시켜, '오스트리아와 프로이센에서 혁명을 일으켜야 한다'고 호소했던 것이다.

그러나 유대 인 차별은 나치스 시대에 절정을 이룬다. 아리아 인의 우위를 표방하는 히틀러는 유대 민족을 꺾기 위해 게르만 신화에 근거한 심벌을 구축했다. 그것은 불꽃, 떡갈나무, 기, 제사 의례 등으로, 이것들은 19세기 초 부르셴샤프트 운동에서 유래한 것이다.

이 운동과는 달리 인종주의를 광신하는 나치스는 유대 인을 차별하는 심벌을 과거의 역사에서 찾아냈다. 그것은 유대교의

'다윗의 별'인데, 이것은 원래 '다윗의 방패'라고 불리는 '신의 수호', '창조주와 대우주'를 나타내는 것이었다. 그러나 나치스는 그것을 역이용하여 눈에 띄는 황색으로 심벌화해 유대 인 차별이나 박해에 이용했다.(그림115) 1941년 9월 1일에 내려진 '독일의 유대 인 식별에 관한 경찰 명령'은 다음과 같다.

1. 6세가 된 유대 인은 유대의 별을 달지 않고 공적인 자리에 모습을 드러내는 것을 금지한다.

2. 유대의 별은 황색 헝겊으로 만들고, 검은 글씨로 유대 인 이라고 쓰며, 손바닥만한 검은 육각형의 별을 그려 넣는다. 이것은 잘 보이도록 의복의 왼쪽 가슴에 잘 꿰매 착용해야만 한다.

이러한 나치스의 정책은 앞에서 말한 것처럼, 중세의 '황색 표시'에 의해 유대 인을 차별했던 역사의 연장선상에 자리한다. 그림 116은 '황색 다윗의 별'을 강제로 착용한 여성을 찍은 사진이다. 이것을 착용한 유대 인을 기다리던 운명은 강제 수용

그림115 황색 다윗의 별 (Jude는 유대 인의 의미)

소에서의 죽음이었다.

유대 인과 마찬가지로 '집시'라고 불리는 로마(Roma)나 신티(Sinti)가 유럽에서 박해당한 역사는 아직 일부만 알려져 있다. 특히, 대다수의 사람들은 '집시'는 베일에 싸인 '방랑의 민족'이라는 이미지를 가지고 있는 정도이다. 인도 북부에서 오랜 세월 동안 방랑하던 민족이 유럽으로 이동해 온 것은 주로 14~15세기 이후이다. 그

그림116 강제 수용소로 보내지는 유대 인 여성

들은 유럽 각지에서 정착 생활을 강요하는 정책과 격리 정책 속에서 파도에 떠 있는 나뭇잎처럼 의지할 곳 없는 생활을 강요받아 왔다.

낭만파가 방랑 여행에 대한 동경에서 그들을 문학과 음악 속에서 신비로운 존재로 그려 넣기도 했다. 하지만 현실적으로 풍습의 차이와 편견에 의해 기이한 이민족으로 취급되어 지속적인 차별을 받아 왔다. 특히, 나치스 시대에는 집시가 유대 인과 같이 취급되어, 대량 학살을 당한 역사는 지금까지도 그다지 주목받지 못했다. 전쟁 중 죽거나 목숨을 잃은 집시는 21만 9천 6백 명으로 추정된다. 그들은 강제 수용소 내에서 푸른색과 흰색의 줄무늬

수인복을 입고, 옷의 왼쪽 소매에 초록색으로 막사 번호를 꿰매 달았다. 독일이 점령한 지역에 살고 있던 집시도 '집시'라고 쓰인 노란색의 완장을 달아야 했고, 전멸해야 할 대상이 되었다. 유대 인처럼 집시도 차별의 역사를 가지고 있었다.

2. 매춘부의 꼬리표

유럽에서는 11세기부터 13세기에 걸쳐, 농촌이나 각지에서 많은 사람들이 도시로 유입된다. 이렇게 도시가 급속하게 팽창하고 발전하자, '도시의 공기는 자유롭다' 라는 속담이 생겨났다. 그러나 그 속에는 일련의 차별을 당한 사람들이 있었다. 즉, 사형 집행인, 파묘인(破墓人), 거리의 곡예사, 매춘부, 목욕탕, 나병 환자, 도박꾼, 유대 인, 마녀 등은 명예를 잃은 자로 사회의 한편으로 내몰려, 말할 수 없는 편견 속에서 경제적, 정신적으로 고통스러운 생활을 하고 있었다.

우선 매춘부를 예로 들어보자. 매춘의 역사는 그리스 로마 시대부터 매춘에 종사하는 여성이 있었다는 것은 이미 알려져 있는 사실이다. 중세에서는 이것이 필요악으로, 도시의 참사회나 귀족이 매음굴을 운영하고 매춘부들을 관할했다.(그림117) 당시의 윤리관에서 보면, 매춘은 그리 비난받을 대상도 아니었고, 매음굴과 동류인 목욕탕이 번성했다는 사회적 배경도 있었다.

또, 길드의 직인은 원칙으로 결혼이 금지된 경우도 있었고, 특

그림117 매음굴에서 매춘부의 초상화를 보는 손님

히 독신자들과 도시에 흘러들어 온 사람들은 매춘을 필요로 했다. 여기에 계속되는 전쟁과 그 밖의 다른 이유로 남성의 사망률이 높아져, 결혼할 수 없는 여성이 늘었고 그 일부가 경제적 이유나 유혹으로 매춘부가 되어 신세를 망치는 자가 있었다.(그림118)

W. 단케르트는 〈불명예스러운 사람들〉 중에서, 매춘부가 표시에 의해 차별받았던 구체적인 사례를 들고 있다. 복장이나 표시에 대해 다음과 같이 말하고 있다.

"매춘부는, 아우구스부르크에서는 초록색 줄무늬가 있는 베일을, 베른과 취리히에서는 붉은 모자를, 쾰른에서는 붉은 베일을, 라이프치히에서는 긴 노란색 리본을 달았으며, 나중에는 푸른색 끈을 꿰매 달거나 짧은 노란색 망토를 입었다. 다른 지역에서는 초록색 상의를 입는 경우도 있었다."

그림118 매음굴의 내부 (15세기)

15세기경까지 매춘부를 나타내는 색으로 노란색과 초록색이 자주 사용되었다. 이들 색은 에로틱하고 생동감이 넘치는 색으로 여겨져 왔으나, 어찌되었건 눈에 띄는 색으로 구별되었다. 이미 고대 로마 시대의 매춘부는 머리를 노란색으로 염색하고, 노란색 가발을 뒤집어썼던 역사적 사실도 있다. 또, 노란색은 매춘부뿐 아니라 사형 집행인의 아내, 이단자, 유대 인, 배신자 등을 차별하는 색이기도 했다. 따라서 노란색은 부정적인 이미지를 담은 대표적인 색이었다고 할 수 있다.

독일 이외의 지역에서도 매춘부를 표시에 의해 차별한 사례는 많다. 스웨덴에서 매춘부는 붉은색과 검은색의 두건을 뒤집어써야만 했다. 덴마크에서도 반은 붉은색과 반은 검은색의 모자를, 슈트라스부르크에서는 검은색과 흰색의 모자를 쓰고, 아비뇽에서는 밝은 색의 옷일 경우에는 검은 리본을, 어두운 색의 옷일 경우에는 흰색의 리본을 왼쪽 팔 위에 달아야만 했다. 두 가지 색을 사용해 차별한 예는 광대, 사형 집행인, 마술사, 악사에서도 찾아볼 수 있다.

꽃다발도 매춘부의 표시로 보았다. 단케르트의 지적에 의하면, 길거리에서 남성에게 꽃을 건네면 그것은 '에로틱한 유혹'을 의미했다고 한다. 이것은 16세기의 파리, 빈, 프랑크푸르트 등지에서 볼 수 있었던 관습이었다. 또, 앞가슴을 드러내고 작은 기를 든 베네치아의 매춘부가 목판화로 남아 있다.(그림119)

그림119 베네치아의 매춘부

게다가 매춘부는 표시뿐 아니라 그 외의 면에서도 규제를 받았다. 14세기경 메란(Meran)의 도시법에서는, 매춘부는 망토, 모피, 은 장신구를 몸에 두르는 것을 금하고 있다. 망토나 모피는 원래 신분이 높은 자의 심벌이었기 때문에 매춘부에게는 금지한 것이다. 그들은 이처럼 의복류의 규제를 받았을 뿐 아니라 일정한 주거지에 살도록 강제되었다. 도시 당국은 귀부인을 보호한다는 명목 아래, 매춘부를 법령에 의해 규제했다. 그 뿌리에는 차별하는 측이 받는 자보다 우위에 있고, 그들을 집단이나 사회에서 배제하려는 의식이 작용하고 있었다.

그러나 단케르트는 그들이 차별만 당했던 것은 아니며, 질병 치유력을 가진 자, 행운을 부르는 자, 번영을 가져오는 자로 여겼던 사례도 소개하고 있다. 한 가지 예로, 매음굴의 입구에 있는 3개의 작은 돌을 파내어, 그것을 병자의 가슴에 갖다대면 병이 낫는다거나, 매춘부와 만나면 좋은 징조라고 여기거나, 매춘부의 꿈을 꾸면 행운이 온다는 민간 신앙이 있었다는 것이다.

이 같은 사실은 매춘부의 기원이 고대 그리스 로마 시대에는 신전의 무녀였거나 '성스런 매춘부'였다는 것을 이야기하고 있다. 그들은 신에게 봉사하고, 병을 치유하는 자로서 숭배되었다. 고대에서의 성(性)은 번영과 풍요를 가져다주는 것으로 긍정되었기에 난교조차 용인되었다. 하지만 그리스도교의 금욕적인 세계관이 유럽을 석권하며 매춘은 악이 되었고, 그들은 죄를 범한 자로서 표시에 의해 차별받게 된 것이다.

걸식장 乞食享, 걸식을 해도 좋다는 허가장 에 대한 표시도 있다. 1370년의 뉘른베르크 규정에는 걸식은 당시(當市)의 출신자로 시 참사회가 허가한 자만 할 수 있으며 타국인은 제외한다고 되어 있다. 물론 일할 수 있는 자의 걸식 행위는 금지되어 있었고, 허가받은 자는 걸식장을 받았다. 뉘른베르크의 국립독일박물관에는 16세기의 걸식장이 보존되어 있다. 이것은 원형의 판으로, 꿰매어 붙이기 위해서인지 4곳에 2개씩 구멍이 뚫려 있고, 중앙부에 문장이 확인된다. 그 도안은 뉘른베르크의 도시 문장으로, 문장학에서 말하는 오른쪽 절반 부분에 쌍두 독수리가 수직 분할되어 있고, 왼쪽 절반 부분에 3개의 사선의 띠무늬가 동일하게 수직 분할, 합성되어 있다.

걸식장은 종교개혁 이후, 가난한 사람에게 자선을 베푼 사람의 특별한 표시로서 사용되었다. 또, 거지의 밥그릇, 등에 멘 자루, 지팡이를 들고 방랑하는 거지를 상징화한 문장이나 인장도 남아 있다.(그림120)

그림120 거지의 문장

3. 처형과 심벌

그림 121은 독일의 범죄박물관에 전시되어 있는 사형 집행인의 마스크이다. 사형수가 처형당할 때 대부분 눈가리개를 했으나, 사형수의 복수를 두려워한 사형 집행인은 머리부터 마스크를 써 얼굴을 감추고 증오를 사지 않도록 했다.

중세의 대부분의 도시는 직업으로서의 사형 집행인을 보호했는데, 독일에서는 1276년에 아우

그림121 처형인의 마스크

구스부르크에서 처음으로 사형 집행인이 출현한다. 그러나 사형 집행인은 불명예스러운 직업으로 여겨져 오랫동안 차별받아 왔다. 이 직업에 종사하는 자는 자신뿐 아니라 자녀와 손자까지도 길드에 들어갈 수 없었으며, 도시에서는 그들을 꺼리는 자가 많았다. 시민들은 자신의 아이들이 사형 집행인의 자녀들과 함께 놀지 못하게 했으며, 그들은 교회에서조차 별석에 앉혔다. 그들의 자녀는 어른이 되어도 다른 직업의 사람과 결혼하는 것이 매우 어려웠다.

통상적으로 사형 집행인은 도시의 교외에 살 수밖에 없었고, 형을 집행할 때는 줄무늬 의복이나 붉은색 혹은 초록색의 화려한 옷을 입었다. 그림 122는 마르부르크의 엘리자베트 교회에 그려

진 그림으로, 사형 집행인은 줄무늬의 작업용 바지를 입고 있다. 또, 죄수가 줄무늬 옷을 입고 있는 경우도 볼 수 있다. 그중에는 스위스의 루체른 시처럼 사형 집행인이 도시의 상징 색인 푸른색과 흰색 옷을 착용하기도, 바젤 시의 경우처럼 흰색과 검은색을 착용하기도 했다.

그림122 세로 줄무늬의 작업용 바지를 입은 사형 집행인

눈에 띄는 색은 매춘부의 경우에서 확인했듯이, 사회의 밑바닥에 위치한 사람들을 더욱 두드러지게 만들어, 시각적으로도 차별받으면서 살 수밖에 없도록 만들었다. 이렇듯 색이나 모양에 의한 차별은 이 후 수인복으로 계승되어 나치스의 강제 수용소에서 유대 인이 입었던 줄무늬 옷도 그 연장선상에 있었다.

역사적으로 죄를 범한 자에 대한 가혹한 처벌은 일일이 헤아릴 수 없다. 하지만 가장 잔혹했던 것은 이단의 심문일 것이다. 1252년에 인노켄티우스 4세가 심문에 고문을 용인한 이래, 이 잔인한 수단은 14세기에 이탈리아를 통해 독일로 들어온다. 그 후, 고문은 전 유럽에 맹위를 떨치게 되었고, 특히 16~17세기의 '마녀 재판'의 사례는 유명하다. 마녀의 혐의가 있는 자는 재판관이 원하는 자백을 토해 내도록 물 고문, 바늘 찌르기, 손가락 짓이기기 등 생각만 해도 털이 곤두설 정도의 갖가지 무서운 고문을 당하고 끝내 화형에 처해졌다.

인노켄티우스 4세
제180대 로마 교황
(재위 1243-1254).

또, 부르고뉴 공국의 아르투아 백작령에서는 은둔자가 마술을 사용한 죄로 재판을 받고 사형을 당했다. 그때의 처형 광경을 고야가 그림으로 남겼는데, 피고는 악마의 모습이 그려진 옷과 모자를 착용하고 이단자로서 형장에 끌려가고 있다.

공개 처형은 중세부터 근대에 걸쳐 행해졌는데, 처형이 이루어지는 장소는 시내 광장이나 성문 밖, 또는 낮은 언덕이었다. 공개 처형은 본보기인 동시에 구경거리로, 모여든 민중은 극장의 관객과 같은 역할을 했다. 19세기까지 공개 처형은 존재했는데, 이를 통해 지배자는 권력을 과시하며 민중들을 위협했다.

그림123 처형 방법

처형 그림은 특히, 중세 이래 많이 남겨져 있는데,(그림123) 화형, 생매장, 익사, 꼬챙이 끼우기, 수레바퀴에 묶어 찢기, 네 토막 내기, 내장 찌르기, 교수, 검에 의한 처형 등 다양하다. 그중 검에 의한 처형은 가장 온화하고 명예를 잃지 않는 처형법으로 여겨졌다. 그것은 고통이 한순간이기 때문일 것이다. 그에 반해 네 토막 내기는 고통이 장시간 지속되었기에 가장 중한 형벌이었다.

처형과 심벌과의 관계를 살펴보면, 1771년 1월 14일에 아이를 죽인 여성이 프랑크푸르트에서 처형되었다. 기록에는 오전 6시에 판결이 내려지고, 사형 집행복을 입은 판사가 나타난다. 검은 의복에 커다란 마을 문장을 단 붉은 망토를 두르고, 긴 장화를 신은 차림이다. 한편, 죄인은 흰 복면, 검은 리본이 달린 아마로 지은 흰색 상의, 흰 치마, 흰 장갑을 착용한 죽음의 차림을 하고 있다. 8시에 식사가 나오고, 9시에 교회의 종이 3번 울리고, 15분마다 사형장으로 출발하기까지 계속된다. 이윽고 사형수는 양손이 묶이고 성직자와 사형 집행인의 수하와 함께 거리를 도는데, 이 때 병사가 호위한다. 판사는 홀을 가지고 말을 타고 처형장으로 간다. 처형장에서는 사형 집행인이 준비를 마치면 성직자가 복을 주고, 사형 집행인은 사형수를 의자에 묶는다. 성직자의 신호와 함께 목이 잘려진다.

S. 벡슨이 1807년에 〈공안법전으로의 형법전의 적용〉에 쓴 심벌마크는 다음과 같다.

> "사형수를 처형대로 옮기는 수레는, 붉은색이 섞인 검은색으로 칠하거나 천을 붙이거나 한다. 모반을 일으킨 자는 붉은 상의를 입고, 가슴과 등에는 '매국노'라는 글씨를 쓴다. 부모를 죽인 자는 얼굴을 검은 베일로 가리고, 하의에는 단검 혹은 사용한 흉기를 자수로 수놓는다. 독살범의 경우에는 붉은 하의에 뱀이나 다른 독이 있는 동물을 본뜬 장식을 단다."

살인범은 이 같은 표시 등에 의해 저지른 죄의 종류까지 알 수 있었다. 그러나 본보기로 행해졌던 공개 처형은 근대 이후 차츰 소멸되고, 각국은 19세기 전반에 이를 금지한다.

처형에 이르지 않더라도 일찍이 범죄자임을 나타내는 처벌이 있었다. E. M. 아르가 집필한 〈고문과 형벌의 중세사〉에 의하면, '이마나 등, 손, 가슴 등을 인두로 지지거나 귀를 자르기도 한다.'고 나와 있다. 또, 쇠목걸이, 족쇄, 수갑을 찬 채 대중 앞에 그대로 노출되어 놀림감이 되는 죄인의 그림도 많다.

독일의 범죄박물관에서는 돼지 등의 모욕용의 가면도 전시되어, 죄인이 '치욕의 심벌'에 의해 징계 받았음을 알 수 있다. 중세나 근세에는, 특히 명예가 중시되었기 때문에 명예를 잃은 자는 치욕을 참아내든가 사회에서 배제되어 방랑자로 살아가야만 했다.

문학 작품으로는 호손의 〈주홍글씨〉가 유명하다. 여기에서는 차별의 표시로 붉은 천을 몸에 둘러야 했던 주인공의 비극이 그려져 있다. 이 같은 사회적 제재는 형태를 바꿔 현재에도 존재한다.

4. 하멜른의 '피리 부는 사나이'의 누더기 옷과 줄무늬

독일 하멜른의 '피리 부는 사나이' 전설 속에 주인공인 쥐 잡이 남자(피리 부는 사나이)의 복장이 소개되어 있다. 이 전설의 첫머리는 다음과 같다.

> "1284년에 이상한 남자가 하멜른 마을에 모습을 나타냈다. 그는 다채로운 모양의 상의를 입고 있어서, '누더기 남자'로 불렸다. 그 남자는 쥐 잡이라 선전하며, 일정 금액을 주면 모든 쥐들로부터 마을을 구원해 주겠다고 시민들에게 약속했다. 시민들은 이 남자와 이야기를 끝내고 얼마의 금액을 보수로 지급할 것을 보증했다. ……"

이렇게 남자는 피리를 빼어들고 쥐를 베저 강으로 꾀여 익사시켜 퇴치한다. 그러나 시민들은 약속한 돈을 지급하지 않았다. 화가 난 쥐 잡이 남자는 사냥꾼의 옷차림을 하고 '기묘한 붉은 모자'를 쓴 모습으로 마을에 나타나 이번에는 피리로 아이들을 꾀어내어 130명을 데리고 사라진다.

이 이야기는 1284년 6월 28일에 실제로 있었던 어린이 대량 실종 사건을 이야기하고 있다. 이 사건을 둘러싸고 '어린이 십자군설', '무도병(舞踏病)설', '동방 식민설' 등이 제기되었지만, 진상은 수수께끼인 채로 남아 있다. 초기 이야기에는 피리 부는 사나이였지만, 16세기경부터 쥐 잡이라는 모티브가 추가된다. 그것은 중세 유럽을 창궐하던 페스트와 쥐로 인한 피해가 얼마나 심각했는지를 말해 준다.

그런데 여기에서 주목할 만한 점은 피리 부는 사나이의 복장

그림124 하멜른의 피리 부는 사나이

이다.(그림124) '다채로운 모양의 상의', '누더기 남자', '기묘한 붉은 모자' 라는 표현은 앞에서 말한 유대 인과 매춘부의 표시와 유사성을 가지고 있다. 사나이의 정체에 대해 아베 긴야는 W. 보에라의 소외당한 방랑 곡예사라는 설을 소개하고, '피리 부는 사나이가 속한 방랑 곡예사 계층은 교회나 사회에서 차별당한 천민으로, 악행의 상징으로 여겨 모든 불행한 사건의 책임이 전가되었다' 고 말한다.

사실, 중세 시대 피리 부는 사람과 같은 방랑 곡예사는 최하층으로 멸시받던 존재로, 누더기 모양은 중세 이후 차별받는 자의 복장이 되었다. 단지 여기서 문제는 왜 누더기 모양이 차별로 연결되었는가 하는 것인데, M. 파스투로는 〈악마의 옷〉에서 병으로 인해 생긴 피부의 반점에서 유추해, 반점이 사회 질서로부터의 배척, 실추를 의미하고, 따라서 악마나 악마적인 인물에 입혀지게 된 것은 아닐까 추측한다.

피리 부는 사나이가 이런 태생이라면, 130명의 어린이 실종 사건이 정체를 알 수 없는 남자가 일으킨 사건이 되어도 전혀 이상하지 않다. 이렇게 불미스러운 사건의 소문은 급속히 독일 전체로 펴져나갔다. 피리 부는 사나이의 복장이 이 전설의 수수께끼를 푸는 열쇠 중 하나라고 할 수 있다.

이상과 같이 누더기 남자와 같은 맥락에서, 누더기 옷이나 줄무늬 옷을 입었던 거리의 곡예사나 피에로가 자리하게 된다. 이것은 연극, 서커스에서 흔히 볼 수 있는 의상으로, 특히 이탈리아의 즉흥가면 희곡 Commedia dell'Arte, 16세기부터 연기된 즉흥 희극 에 등장하는 아를레키노(곡예사 역) 등이 연상된다. 또, 카니발에도 곡예사나 전주사 폭죽 등을 울리며 선두를 달리는 사람 는 거꾸로 된 세계를 멋지게 연기하지만, 대부분의 경우 그들은 누더기 옷이나 줄무늬 혹은 미파르티를 입고 있다.(그림125)

곡예사나 피에로의 세계는 조소, 광기, 이상(異常), 혼탁, 비합리의 세계와 연결되는 면이 있다. 따라서 이들에 대한 표현은 시각적으로 두드러진 모습과 바보스러운 행동에 의

그림125 줄무늬 옷을 입은 전주사

해 만들어진다. 그들은 이렇게 관중의 주의를 끌고 관중에게 받는 멸시의 마음을 역이용해 검열이나 사회규범을 빠져나와 자유로운 연기의 공간을 만들어낸다.

누더기 모양과 유사한 것으로, 줄무늬가 차별의 표시로 사용된 경우는 많다. 이 연구에서는 M. 파스투로가 매우 흥미롭고 새로운 문제를 제기했다. 유럽의 역사에 줄무늬가 차별의 상징으로서 얼마나 큰 역할을 수행했는가를 상세히 서술한 것이다.

그는 13세기 프랑스에 일어났던 가르멜회의 줄무늬 외투 스캔들에서 가설을 제기해, 독일의 〈작센 슈피겔〉에 줄무늬가 '사생아나 농노, 죄수들에게만 강제되는 일이 많았다'는 내용의 기록과, 중세 말기의 유럽 남부에서도 매춘부, 곡예사, 사형 집행인이 착용했다고 지적한다. 중, 근세의 생활문화의 자료를 보면 이러

한 사례는 쉽게 확인할 수 있다.

그런데 M. 파스투로는 줄무늬와 문장의 관계에 대해 다음과 같이 말한다.

> "줄무늬를 포함한 문장의 대부분은 나쁜 문장이든가 부정적인 문장이다. 문학 작품에서는 불충한 기사, 왕위 찬탈자, 출생에 문제가 있는 인물이나 잔혹하고 무례하고 모독적인 행동을 하는 자는 모두 이런 종류의 문장이 부여되어 있다. 문장 중에서 상상할 수 있는 줄무늬 -가로 줄무늬, 사선분할, 세로띠 등- 를 가진 문장은 일반적으로 이교도의 왕, 악마적 존재, 악덕한 존재의 의인화 -특히 불성실, 허위, 교활- 에 주어지고 있다."

M. 파스투로는 모든 문양 중에서 줄무늬가 가장 시각적으로 두드러지고, 차이나 이탈을 나타내기 때문에 부정적인 것의 심벌이 되었다고 한다. 물론 줄무늬가 사회 질서나 도덕 질서를 교란하는 것으로만 사용되었던 것은 아니다. 줄무늬는 프랑스 혁명 이래의 삼색기, 지금의 이발소 마크, 상점의 블라인드, 스포츠 유니폼, 횡단보도 등처럼 눈에 잘 띄는 기능을 다각도로 이용하고 있으며, 지금은 차별의 상징으로서의 의미는 사라지고 있다.

5. 늑대인간과 마녀의 표시

늑대는 인류와 가축에게 해를 입히는 동물로서 증오의 대상이 되었던 경우가 많다. 특히, 목축민족에게 소중한 재산을 빼앗는 늑대는 하늘 아래 함께 있을 수 없는 적의 상징이었다. 따라서 늑대는 민화와 동화에서도 배척할 악으로서 그려지고 있다.

그 대표적인 예로 〈빨간 두건〉과 〈늑대와 일곱 마리의 작은 염소〉가 유명하다. 늑대는 숲 속에 살며 할머니나 빨간 두건, 작은 염소를 덮치는데, 그 때문에 늑대는 결과적으로 벌을 받고 죽임을 당하고 만다. 이른바 늑대는 의인화된 범죄자로 그려지고 있다고 할 수 있다. 무엇보다 동화의 무대인 숲과 늑대와의 관계가 중요하다.

중세에 있어서 숲은 본래 정체를 알 수 없는 존재가 있는 세계로 여겨졌다. 이른바 그곳은 늑대뿐 아니라 마녀, 도둑, 요괴 등의 소굴이기도 했다. 고대에서 중세에 걸쳐 사람들이 믿고 있던 세계관은, 소우주(미크로–코스모스)라는 인간이 사는 마을과 도시와 인간의 힘이 미치지 않는 대우주(마크로–코스모스)라는 영역이었다. 물론 숲은 후자에 속했고, 그 경계는 성벽이나 울타리에 의해 구별되었다.

소우주에 사는 사람들은 정체를 알 수 없는 대우주의 세계를 두려워했다. 소우주에서 허락되지 않는 범죄를 범한 자는 일상적인 소우주에서 추방되어 대우주인 숲이나 황야를 방랑해야만 했다. 그래서 범죄자 중, 늑대의 가면을 쓰고 사람들이 살고 있는 곳에서 추방형을 선고받은 자도 있었다고 한다. 늑대인간도 그 한 예로, 이 같은 생각은 약 10세기 이후부터 생겨난다. 아베 긴야가 지적하고 있듯이, 종교상의 범죄인 사원 약탈, 사체 약탈, 저주, 살인 후 사체 유기의 경우와 모반, 탈영, 불명예스러운 욕정 등의 파렴치한 죄, 그리고 절도, 방화, 강간, 경계 침범의 경우, 범인은 늑대로서 소우주에서 추방되었다.

따라서 민화나 동화에 등장하는 늑대인간, 악마, 난쟁이 등은 실제로는 이와 같이 소우주에서 배제되어 추방된 자의 계보에 위치한다. 어쩔 수 없이 그들은 숲에 살고 숲이 활동의 장이 되었다.

중세까지 숲은 지금과는 달리, 광대한 면적을 가지고 있어서 비바람에 견디는 작은 집을 지을 수 있고, 장작을 모을 수 있었다. 게다가 나무열매, 버섯, 나물, 벌꿀 등을 채집하고, 또 숲에 사는 동물 등을 잡아 먹으며 생활할 수 있었다. 의적 로빈 후드의 전설도 숲과의 관계에서 이야기된다. 사회에서 배제된 사람들에게 숲은 오히려 안전한 거처이며 피난처였다. 그러나 일반 사회에서 사는 사람들이 보면, 숲은 정체를 알 수 없는 낯선 곳으로 기분 나쁜 대우주에 지나지 않았다.

그런데 민화에서 늑대인간은 달밤에 숲에서 늑대로 변신하는데, 변신할 때 벨트를 하거나 목욕을 하는 경우가 많다고 한다. 마녀와 마찬가지로 실제로 늑대인간으로 키워진 사람도 있었다. F. 일지글러 등이 집필한 〈중세 아웃사이더들〉에 의하면, 1589년 10월 31일에 늑대인간이라는 꼬리표가 붙여져 처형당한 기록이 실려 있다. 법정에서 그는 다음과 같이 범행을 자백했다고 한다.

"…… 페터는 25년간 마녀와 음행을 했을 뿐 아니라, 딸 베라와 근친상간을 했다. 그는 띠를 하나 가지고 있어 그것을 몸에 두르면 늑대가 되었다. 그러나 인간의 구별은 잊지 않았다. 띠를 풀면 그는 다시 인간의 모습으로 되돌아왔다. 그는 늑대의 모습으로 5, 6세의 아이 13명을 죽이고 뇌를 먹었다. 그중에는 자신의 아이도 있었다. 게다가 가축에게도 큰 손해를 입혔다."

페터가 체포되어 처형당하는 모습을 그린 판화가 남아 있다.(그림126) 거기에 의하면, 그는 극형을 선고받았다. 수레에 묶여져 뜨거운 쇠로 고문을 당하고, 도끼로 손발이 잘린 끝에 참수를

그림126 늑대인간의 처형 (1589년)

당했음을 알 수 있다. 물론 이것은 늑대인간의 전설에 의해 날조된 재판이라는 것은 두말할 필요도 없다.

그로부터 약 백 년 뒤에도 늑대인간의 재판이 행해졌다. 그림127은 1685년에 그려진 판화로, 늑대가 아이를 유괴해 잡아 먹고 나서 쫓기다 우물 속에 빠져 잡히는데 결국 처형된다. 그러자 늑대는 인간으로 변했다고 한다. 이 같은 무법자로서의 늑대인간은

그림127 늑대인간의 처형 (1685년)

카니발에서도 상반되는 세계를 나타내는 존재로 등장한다. 이른바 늑대라는 상징은 사람들에게 설명할 필요도 없는 부정적인 이미지를 가지고 있었기에 악의 대명사가 된 것이다.

마녀는 그림 동화에 등장하기 때문에 잘 알려져 있다. 거기에는 앞이 잘 보이지 않고, 유달리 발달한 코를 가진 할머니로 그려진다. 이것은 유대 인이라는 이미지를 담고 있으며, 배경에는 그들에 대한 편견이 무의식적으로 담겨 있다고 할 수 있다. 〈헨젤과 그레텔〉에서 마녀는 빵을 굽는 가마에서 타 죽는데, 이것도 나치스의 유대 인 학살을 암시한다고 해석할 수 있다.

마녀 탄압은 16~17세기에 절정을 이루고, 교회가 그 중심적 역할을 맡았다. 그 배경에는 중세에서 근세에 걸쳐 만연한 사회 불안이 원인이었다. 분명 탄압받는 자 중에는 남성도 있었지만 대부분이 여성이었고, 마녀 재판에서 사람들은 마녀의 증거를 발견하기 위해 광분했다. 예를 들면, 마녀라는 증거를 대기 위한 표시에 대해 B. G. 워커의 〈신화 전설사전〉에는 다음과 같이 서술되어 있다.

> "남자들은 악마의 육체적인 특징에 대단한 흥미를 보이며, 악마 식별법을 탐구했다. …… 스페인이나 이탈리아의 사람들처럼 대부분이 검은 눈에 거무튀튀한 피부를 가지고 있는 곳에서는 담청색의 눈이 악마와 관련이 있다고 여겼다. 빨간 머리를 가진 여자는 모두 마녀라고 단언하는 일도 많았다. …… 그 외의 표시로서는 사마귀, 검은 반점, 모반, 여드름, 마마 자국, 갈색의 멍, 혹 등이 있었다. 마녀를 발견한 사람 중에는 이런 표시가 곤충에 물린 상처나 궤양과 흡사하다고 말한 일도 있다."

이 같은 표시는 누구에게나 있는 것으로, 여성 모두가 마녀로 여겨질 가능성이 있었다. 마녀로 몰리는 계기는 여러 가지가 있으나 주술을 한다거나 초능력이 있다는 소문, 밀고나 악의적인 장난에 의해 마녀라는 누명을 뒤집어썼다. 아무리 부정을 해도 고문에 의해 자백할 수밖에 없었으며, 결과적으로 단죄되었기에 마녀 재판은 여성 멸시의 산물이라고밖에는 볼 수 없다.

그런데 마녀라고 하면, 빗자루를 타고 하늘을 나는 것이 마녀의 속성으로 널리 알려져 있다. 빗자루의 기원은 마녀의 지팡이로서, 사실 14세기경까지 마녀가 그려진 그림에는 모두 그처럼 그려져 있다. 독일어로 마녀는 '헥세(Hexe)'로, 그 어원은 '울타리를 타는 여성(hagazussa)'이다. 본래 울타리는 막대기 -지팡이- 로 만들어졌다고 한다.

또, 16세기부터는 나체로 빗자루를 타고 사바트(마녀 집회)로

나가는 젊은 마녀 모습을 그림에서 볼 수 있는데, 빗자루는 원래 비 부분을 앞으로 하고, 손잡이 부분이 뒤로 그려진다. —그 후, 혼동되어 거꾸로 그려진 경우도 있다— 손잡이와 비는 페니스와 음모를 상징하고 있어, 이것을 탄 광경은 분명 성교를 떠올리게 하고, 마녀가 남성을 유혹하는 것이라는 해석도 낳았다.

그림 128은 고야의 늙은 마녀와 젊은 마녀의 비행을 그린 것으로, 빗자루에 탄 마녀의 모습은 인간의 망상을 그림화한 것에 지나지 않는다.

그림128 빗자루를 탄 마녀 (고야)

| 에필로그 |

에필로그

수직사회와 수평사회의 심벌 표식

　심벌 표식의 발전 과정을 사회사적으로 개관해 보면, 중세부터 근세에 걸쳐 두 방향으로 분화되어 있음을 알 수 있다. 즉, 심벌 표식은 지배자의 권위를 더욱 강화하여 오히려 그 반대 위치에 놓인 하층민을 차별하는 수직 방향과, 공동체의 연대를 나타내는 수평 방향을 향하고 있다. 이런 양극적인 분화는 중세 유럽의 수직사회와 수평사회가 불가분의 관계에 있었기 때문이다. 말할 것도 없이 수직사회란, 봉건제도의 확립에 의해 국왕, 영주, 기사, 자유민, 농노 등 신분이 고정화된 사회를 의미한다. 특히, 권력을 쥔 지배 계급은 자신의 신분을 절대화하기 위해 시각적으로도 나타내고, 또 신분을 계승하기 위해 흔들림 없는 증거가 필요했다.

　따라서 문장이나 기, 훈장 등의 심벌 표식은 왕권이나 왕홀과 마찬가지로 그들에게는 수직 방향성을 가진 수직사회의 권위를 나타내는 불가결한 상징이었다. 이런 경향은 훗날의 절대주의 시대에도 뚜렷이 나타나, 국왕의 권위가 강화된 시대에, 권위를 시각화한 복잡한 문장이나 화려한 문장이 만들어졌다.

　그러나 권위는 정반대의 위치에 자리한 차별받는 자들에 의해 성립된 것이라 할 수 있다. 이런 의미에서 수직사회의 밑바닥에 있는 사람들을 두드러지게 하는 일련의 표시가 중세 이후 계속해서 계승된 것이다. 특히, 식자 능력이 없는 사람들이 다수를 차지하던 사회에서는 신분제도를 시각화한 이상, 심벌 표식은 불가결한 '지배 아이템'이었다.

한편, 유럽은 중세 이래 그리스도교에 근거한 집단주의 사회 속에서 몰개성적인 공동체 생활을 했던 것도 틀림없는 사실이다. 중세 사람들은 도시, 길드, 형제단, 신심회, 대학, 수도회 등의 공동체 조직 속에서 생활하며, 이 같은 집단 사회라는 수평 관계 속에서 조화를 이루고 있었다. 따라서 공동체의 결속과 아이덴티티를 형성하기 위한 상징으로 인장, 문장, 기, 표시 등이 만들어지고, 유럽 각지로 퍼졌던 것이다. 그러므로 수평사회는 중세의 사회 구조의 일부를 그려낸 것이라고 할 수 있다. 이런 전통은 중세뿐만 아니라 그 후로도 결사, 클럽, 봉사 단체 등으로 이어진다.

문장보다 오랜 역사를 가지고 있는 인장도 중세에는 수직사회의 권위를 상징하는 것이었다. 황제나 국왕은 전쟁을 종결할 때, 평화 조약 체결 문서에 인장을 찍었고, 주군과 신하의 계약에도 인장을 사용했다. 일찍이 교회에서도 인장이 사용되었고, 인장의 디자인은 성자, 십자가, 성서, 성배, 부적 등과 관련된 것이었다.

권위의 상징으로서의 인장은 왕이나 제후, 귀족, 성직자들의 소유물이었지만 12~13세기 이후부터는 도시 공동체로 확대되었다. 나아가 대학이나 길드에서도 사용되면서 중요한 서류에 인장을 찍게 되었다. 이때 이미 인장법(印章法)이 성립되어 있었다. 유럽은 계약 사회이기 때문에, 특히 인장이 발달했다. 구두로 체

결한 계약의 효력은 불확실하기 때문에 인장에 의한 증명이 필요했던 것이다.(그림129)

그 후, 인장은 유복한 도시 시민, 자유농민, 유대 상인들 사이에서 널리 사용하게 되었다. 이렇게 유럽의 인장도 양극으로 분화하여 수직 권위의 상징으로 사용되는 한편, 수평의 공동체나 개인의 영역으로 확대된다.

인장의 전성기는 중세로, 15~16세기경부터 사인의 시대가 시작된다. 사인이 보급된 것은 도난에 의해 인장이 악용되는 것을 꺼려했기 때문이라는 설이 유력하다. 그러나 그 배경에는 교육의 보급에 의해 서명이 가능해졌다는 이유도 있었다. 예전에는 글을 읽고 쓰는 것이 성직자가 독점하고 있어 권력자라 해서 모두 식자 능력을 가지고 있었던 것은 아니었다.

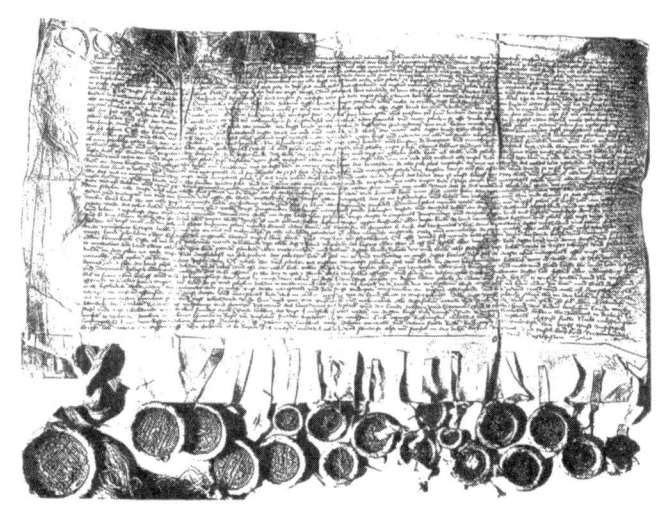

그림129 계약과 인장

또, 고대 이래 인장에 내재되어 온 주술적인 신앙이 차츰 얕아진 것도 한 원인으로 지적할 수 있다. 그러나 사인 문화가 방범(防犯) 상의 필요에서 생겨난 것이라 하더라도, 이것은 르네상스 시대를 맞이하여 개인이 존중되고, 사인이 유일하게 자신의 존재를 증명하는 것이라는 풍조 속에서 크게 성장할 수 있었다.

인장에서 사인의 시대가 되자, 이 관습은 단숨에 수평사회가 그 범위를 수평으로 확대해 나가는 것을 볼 수 있다. 이처럼 인장에서 사인으로 옮겨가는 과정은 시민 사회의 발전과 밀접한 관계에 있다고 할 수 있다.

이미 언급한 바와 같이, 인장은 시대의 흐름에 따라 수직사회에서 가졌던 상징의 기능이 쇠퇴해 간다. 이것은 문장에도 그대로 적용된다. 근대로 들어서면서 문장 문화의 주역이던 왕과 귀족은 시민 계급의 대두로 몰락할 운명에 놓인다. 따라서 16~17세기 이후 수직사회를 상징하던 문장의 권위가 차츰 추락해 가는 것은 시대의 필연적인 결과라고 할 수 있다.

유럽의 역사에서 봉건제도나 절대주의 체제를 붕괴시킨 것은 힘을 키워온 부르주아였다. 그들 중 일부는 왕과 귀족을 따라 문장을 획득하려 했던 자도 있었다. 하지만 경제적 실권을 장악한 많은 부르주아는 껍질뿐인 권위의 상징을 계승하기보다 정치적 주도권을 장악하고 더 나은 부의 획득에 관심을 가졌다. 그들은 대중 매체도 손에 넣고, 자본의 논리라는 새로운 메커니즘을 읽어낼 수 있었기 때문에 이미 낡은 문장에 의한 힘의 과시는 필요하지 않았다. 따라서 수직 관계를 나타내던 개인 문장은 프랑스 혁명 이후에 해체되면서 역사적 사명을 마쳤다. 독일에서는 이미 설명했듯이 제도적으로 1919년 바이마르 헌법에 의해 귀족이 폐지되고 문장원과 문장관은 완전히 사라지고 말았다.

대신에, 시민사회 시대에는 상하 관계가 아닌 수평 관계의 아이덴티티를 나타내는 도시 문장과 주(州) 문장이 살아남는다. 특히, 19세기에서 20세기에 걸쳐 도시 문장의 르네상스라고 불리는 시대를 맞이한다. 그것은 자본주의의 흥성이 새로운 도시를 다수 만들어내고, 이들 신흥 도시도 문장을 제정했기 때문이다. 근대 이후, 문장이 복잡해지고 본래의 의미를 잃은 것을 감안하면 신흥 도시의 문장은 본래의 의도대로 비교적 단순한 문장이 사용되었음을 알 수 있다. 현대에는 과거 공동체 문장의 전통이 계승되어, 도시나 주(州)뿐만 아니라 각종 단체 조직, 스포츠 등의 그룹 일부에 문장이 존속하고 있다.

인장과 문장에 이어 기(旗)에도 수직사회의 권위를 상징하는 국왕 기와 수평사회의 연대를 나타내는 길드의 기, 농민 전쟁의 분트슈 기의 이면성이 있다. 사회사적으로 보면 역시 기도 수직사회의 심벌에서 수평사회의 그것으로 이행하고 있다.

기의 경우, 문장이나 인장보다 시대적으로는 크게 동떨어져 있음을 확인할 수 있다. 18~19세기에 왕정에서 공화제로 바뀌는 나라가 출현했고, 그에 따라 국왕 기(國王旗)에서 국기(國旗)로의 전환이 꾀해지기 시작했다. 그 후에도 왕정은 계속 살아남고, 다른 한편에서는 제국주의 시대를 맞이하면서 국기는 지배의 심벌로서 더욱 수직 기능을 강화한다. 즉, 국기는 국위 선양의 심벌이 되어, 식민지 지배나 침략 전쟁에서 큰 역할을 맡았다.

또, 국기와 군대는 불가결하여 군기, 계급장, 함대기로서도 사용되어 피비린내의 이미지가 따르는 경우도 있었다. 분명 이런 경우에 국기가 가진 기능은 지배하는 쪽과 지배당하는 쪽이라는 상하의 수직 관계를 나타낸다.

나치스의 하켄크로이츠나 이탈리아의 파시스트당의 파스케스 등을 그 연장선상에 놓을 수 있다. 이미 앞에서도 언급했지만, 히틀러나 괴벨스는 하켄크로이츠와 게르만 신화를, 무솔리니는 파스케스와 로마 제국의 꿈을 연관짓고 여론을 선동했다. 이렇게 기라는 심벌이 편협한 내셔널리즘이나 전체주의에 이용되면서 수직사회에서 지배의 도구화로 사용되어 인류에 큰 불행을 가져다준 일을 우리는 이미 체험했다.

그러나 파시즘이 붕괴한 현재, 결국 민주주의 시대로 수평사회의 심벌이 확대하고 있다. 현대의 국기도 과거와 달리 차츰 국민을 통합한다는 의미에서 아이덴티티의 심벌로서 수평 관계를 제시하는 것으로 변화하고 있다. 이렇듯 심벌도 사회 체제의 변화와 밀접한 관계를 맺고, 대부분의 국가에 민주주의적인 상징을 반영하고 있음을 알 수 있다.

나아가 각종 클럽이나 동호회 기뿐 아니라 올림픽 기, 유럽연합 기, 적십자기, 유네스코 기, 유엔 기 등에서 볼 수 있듯이, 기는 지역이나 국가를 초월하여 전 지구적인 규모로 인류의 수평적인 연대라는 이상으로서의 심벌로 확대되고 있다. 그런 의미에서 보면, 기의 역사는 문장이나 인장의 발전 과정과 달라 보이지만, 오랜 시대적 시점에서 보면 이것도 수직사회에서 수평사회로의 심벌로 발전하고 있다.

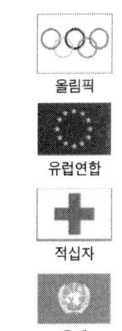

국제기구의 기

올림픽

유럽연합

적십자

유엔

이상과 같이 인장, 문장, 기는 모두 결과적으로 수평사회의 심벌 표식으로 변화하고 있다. 이것은 두말할 필요 없이 사회 구조가 수직에서 수평으로 이행하고 있는 것과 상관관계에 있다. 분명 수직사회는 엄연히 존재하고, 앞으로도 존속할 것임에는 틀림없다. 또, 국가적, 인종적 에고이즘을 하루아침에 없앨 수도 없다. 그러나 역사는 우여곡절을 반복하면서 오랜 세월에 걸쳐 민주주의를 향해 흘러 평등한 사회로 나아간다. 심벌 표식의 수평축으로서의 확대가 이 사회가 걸어갈 방향을 여실히 제시하고 있는 것이다. 그런 의미에서 심벌 표식은 사회의 발전 과정과 같은 방향성을 가지고 있다.

분명 인터내셔널리즘이나 평등주의는 안이한 이상에 지나지 않는다는 견해도 있을지 모르나, 환경이나 식량 문제뿐 아니라 경제, 정치 문제에 이르기까지 미래의 인류는 국가라는 틀 안에서만 대응할 수 없는 상황에 놓여 있다. 위성 방송, 인터넷 등 미디어의 영역에도 이미 국제화 시대가 시작되었고, 심벌 표식도 국가, 언어, 인종을 초월한 전 지구적 규모의 수평사회의 미디어로 수평 방향으로서 더욱 확산될 가능성을 안고 있다. 또, 그것은 차별 없는 사회의 연대를 나타내는 심벌이 될 수도 있다. 심벌 표식이 국제적인 세계나 차별 없는 사회에서 연대의 역할을 맡는다면, 앞으로 미디어로서 존재 의의가 있을 것이다.

그런데 현대 우리의 일상생활 속에는 도로 표식, 각종 안내판, 약호, 기호 등 단순히 메시지를 전달하는 심벌 표식이 그 기능의 폭을 넓히고 있다. 또, 상표는 선전이나 상품 판매 전략에 중요한 역할을 맡고 있을 뿐 아니라, 기호화된 현대 사회의 미디어로서 일익을 맡고 있다. 분명 주변에서 접할 수 있는 현대의 심벌마크는 이 책에서 다루어진 표식의 일부 기능이 변화한 것이다. 이것들은 하우스 마크, 도공이나 석공 등의 직인표, 길드의 문장, 간판 등과 무관하지 않기 때문이다.

그러나 이것은 이전의 그것과 성질이 달라 이미 배후에 신비스러움이나 역사적 배경, 알레고리, 은유 등을 포함한 것은 아니다. 더욱이 권위의 상징도 아니다. 현대의 심벌마크는 일종의 기호로서 직접적인 의사소통의 기능을 수행하고 있는 것에 지나지 않는다. 그러나 역사성이나 예술성에 상관없는 마크라고 해도, 그 자체로 현대가 물질을 중심으로 한 사회라는 점을 나타내고 있는 것은 아닐까? 그런 의미에서 심벌 표식이나 마크는 사회와 밀접한 관계를 맺고 있으며, 문화를 반영하는 거울이라고 결론지을 수 있다.

지은이의 말

벌써 몇 년 전의 일이다. 과거 독일 유학 중에 도움을 주셨던 지겐 대학의 폰뒨그 교수가 일본을 방문했을 때, 〈마네세의 가요 사본(하이델베르크 대학 소장)〉의 복각(復刻)과 해설본을 선물로 받았다. 이미 필자가 문장에 흥미를 갖고 있다는 것을 알고 있었기 때문이다.

선명한 색채에 세밀한 도판을 찬찬히 들여다보고 있으면 7백 년의 시공을 뛰어넘어 중세 기사의 세계가 생생히 되살아난다. 그 세계에 매료되어 시간이 흐르는 것도 잊고 책을 들여다보았던 일이 지금도 선명히 떠오른다.

그런데 유럽의 화려한 문장 안에는 많은 메시지가 응축되어 있다. 그러나 의미를 해독하는 작업은 그리 간단하지 않다. 그림, 색채, 방패 형상, 상속 방법 등을 단서로, 실마리를 얻을 수 있다면 어느 정도는 그것을 설명할 수 있다.

단지, 필자가 이 책을 집필할 때 유념에 두었던 것은 문장에 관한 개별적이고 단편적인 에피소드를 소개하는 것이 아니라, 문장을 유럽의 역사 속에서 자리매김하려 했던 것이다. 다시 말해, 문장이 유럽 문화의 근간을 이룬 본질적인 정신 구조를 도형화한 점을 명확하게 설명하려는 시도였다.

예를 들어, 유럽 문장은 크게 개인 문장과 공동체 문장으로 분류할 수 있다. 이것은 유럽의 개인주의와 공동체를 중심으로 한 집단주의에 깊이 관련된 것이다. 상세한 것은 이미 본문에서 서술했기 때문에 여기에서 다시 설명하지는 않겠지만, 이 책의 특징은 문장과 심벌 표식을 유럽의 수직사회와 수평사회 속에서 자리매김했다는 점이다.

우선, 필자가 이 책을 집필하기까지의 경위에 대해 잠깐 이야기하고 싶다. 유럽 문화사에 흥미를 가지고 있었던 필자는 '열쇠'라는 소도구가, 방어나 개인주의라는 유럽 문화의 본질적인 부분과 불가분의 관계에 있다는 것을 통감했다. 그래서 열쇠와 유럽 문화의 관계를 고찰하고, 〈열쇠 구멍으로 본 유럽〉이라는 제목으로 출판했다. 이것을 집필하던 중에 열쇠에 관계된 몇 가지 문장과 만나게 되었고, 그것이 그리스도교에 유래할 뿐 아니라, 도시나 길드의 문장과도 밀접한 관계에 있다는 것을 알게 되었다.

또, 〈마네세의 가요사본〉을 계기로 시작한 회화나 이코노그래픽을 조사할 때, 채색된 화려한 문장이 눈에 많이 띄었다. 게다가 문장은 기와 관련이 깊고, 그 밖에도 마크나 심벌에도 큰 영향을 주었다는 것을 알게 되었다. 이것에 대해 연구하고 정리할 때, 단지 문장학, 기장학(旗章學), 미학이라는 좁은 분야뿐 아니라, 그것을 포괄한 유럽의 역사나 사회라는 전체적 시각에서 살펴볼 필요가 있다는 생각을 하게 되었다. 이른바 이 심벌들은 그 안에서 생성된 것이기 때문이다. 이렇게 해서 문장이나 기를 단서로 유럽의 역사나 사회와의 관계를 명확하게 고찰하고자 했다.

열쇠에 관한 연구 때는 일본은 물론이고 본고장인 유럽에도 문헌이 턱없이 부족한 탓으로 자료 수집에 많은 어려움을 겪고 많은 분들께 도움의 손길을 내밀었다. 그러나 유럽의 문장이나 기에 관한 문헌을 수집할 때는 너무나도 방대한 자료에 놀라지 않을 수 없었다. 이렇게 많은 자료들의 대부분은 유럽에서도 극히 전문적인 문장학 혹은 기장학의 것으로, 호사가들의 수집이나 향토 사학자들에 의한 한정된 지역에서의 연구들이 많았다.

하지만 필자가 추구하는 역사나 사회에 관계된 문화론적인 연구는 극히 적다는 사실에 정말로 의외의 느낌이 들었다. 이와 마찬가지로 일본에서 연구되는 유럽 문장도 현재 극히 전문적인 연구를 제외하면 아직도 미개척 분야이다.

현재 유럽의 문장학에 대해서는 모리 마모루 씨가 영어 문헌을 이용하여 영국 문장을 중심으로 소개하고 있다. 필자도 이 역작에 학문적인 자극을 받았고, 연구 성과에 대해서는 경의를 표한다. 단지, 모리 씨의 관심은 문장학 그 자체에 있어, 필자가 목표로 한 방향과는 사뭇 다르다.

따라서 이 책에서는 주로 독일의 문헌을 참고해 독일을 중심으로 한 유럽 문장학을 다루면서 여기에 머무르기보다 그 범위를 뛰어넘어, 문장이나 기 등의 심벌 표식과 유럽의 역사와 사회와의 관계를 설명하는 데 주안점을 두었다. 필자는 문장학의 세세한 원칙보다 후자 쪽이 더 중요하다고 생각했기 때문이다. 여러 시도를 거치면서 겨우 완성한 것이 이 책이다.

일본에서 이 분야에 대한 연구가 늦어진 이유는, 문장이나 기라는 심벌 표식의 개념이 복잡하게 여러 갈래로 발전하고, 특히 문장학의 전문 용어가 난해하여 쉽게 이해할 수 없다는 점 때문이다. 그러나 근본적인 원인은 학문 연구의 체제에 있는 것이 아닐까? 일본에서는 연구 분야가 전문화되어 한 곳에 빠져드는 경향이 있고, 학술적으로 연구하려는 자세가 문장이나 기에 결여되어 있다.

분명 이 같은 지적은 쉽지만, 이들 심벌 표식은 미학, 사회사, 정치사, 민속학 등의 폭넓은 영역과 관련되어 있기 때문에 실제적인 연구에 이런 테마는 박학한 필자에게는 버거운 과제였다. 그런 의미에서 찬찬히 집필해 온 이 책은 시론(試論)으로 문제 제기에 지나지 않으며, 미비한 점과 생각의 차이가 있을 수 있다. 식견 있는 분의 가르침을 바라는 동시에 우리나라에도 이 분야에 대한 연구가 진전되기를 열망한다.

이 책을 집필하는 데 여러 분들이 도움을 주셨다. 특히, 간사이 대학 명예교수의 오바 오사무 선생은 역사학자로서 적절한 조언과 격려의 말씀을 주셨고 각종 귀중한 문헌을 오랫동안 빌려주셨다. 또, 문학부의 시바이 게이지 교수는 원고를 읽고 여러 유익한 가르침을 주셨다. 사의를 표한다. 그리고 연구를 지원해 주신 학교법인 간사이 대학에도 감사의 인사를 올린다.

이 책의 출판 편집을 도와준 우메키 사토시 씨도 많은 도움을 주셨다. 우메키 씨는 이 책에 깊은 관심을 기울여 두 번이나 오사카를 방문해 귀중한 조언과 세심한 배려를 보여주셨다. 이 글을 마치면서 감사의 마음을 표하는 바이다.

1999년 3월, 하마모토 다카시

부록

역대 교황 연표

	교황 명 (원어명)	재위 기간
1	성 베드로 (St. Petrus)	
2	성 리누스 (St. Linus)	67-76
3	성 아나클레투스 또는 클레투스 (St. Anacletus 또는 Cletus)	76-88
4	성 클레멘스 1세 (St. Clemens) 로마	88-97
5	성 에바리스투스 (St. Evaristus)	97-105
6	성 알렉산데르 1세 (St. Alexander I)	105-115
7	성 식스투스 1세 (St. Sixtus I)	115-125
8	성 텔레스포루스 (St. Telesphorus)	125-136
9	성 히기누스 (St. Hyginus)	136-140
10	성 피우스 1세 (St. Pius I)	140-155
11	성 아니케투스 (St. Anicetus)	155-166
12	성 소테로 (St. Soter)	166-175
13	성 엘레우테리우스 (St. Eleutherius)	175-189
14	성 빅토리우스 1세 (St. Victorius I)	189-199
15	성 제피리누스 (St. Zephyrinus)	199-217
16	성 칼리스투스 1세 (St. Callistus I)	217-222
17	성 우르바누스 1세 (St. Urbanus I)	222-230
18	성 폰시아누스 (St. Pontianus)	230-235
19	성 안테루스 (St. Anterus)	235-236
20	성 파비아누스 (St. Fabianus)	236-250
21	성 코르넬리우스 (St. Cornelius)	251-253
22	성 루키우스 1세 (St. Lucius I)	253-254
23	성 스테파누스 1세 (St. Stephanus I)	254-257
24	성 식스투스 2세 (St. Sixtus II) 그리스	257-258
25	성 디오니시우스 (St. Dionysius)	259-268
26	성 펠릭스 1세 (St. Felix I)	269-274
27	성 에우티키아누스 (St. Eutichianus)	275-283
28	성 카이우스 (St. Caius)	283-296

교 황 명 (원어명)	재위 기간
29 성 마르켈리우스 (St. Marcellinus)	296-304
30 성 마르켈리우스 1세 (St. Marcellus I)	308-309
31 성 에우세비우스 (St. Eusebius)	309-309
32 성 밀티아데스 (St. Miltiades) 또는 멜키아데스 (Melchiades)	311-314
33 성 실베스테르 1세 (St. Sylvester I)	314-335
34 성 마르쿠스 (St. Marcus)	336-336
35 성 율리우스 1세 (St. Julius I)	337-352
36 리베리우스 (Liberius)	352-366
37 성 다마수스 1세 (St. Damasus I)	366-384
38 성 시리치우스 (St. Siricius)	384-399
39 성 아나스타시우스 1세 (St. Anastasius I)	399-401
40 성 인노켄티우스 1세 (St. Innocentius I)	401-417
41 성 조시무스 (St. Zosimus)	417-418
42 성 보니파티우스 1세 (St. Bonifatius I)	418-422
43 성 켈레스티누스 1세 (St. Celestinus I)	422-432
44 성 식스투스 3세 (St. Sixtus III)	432-440
45 성 레오 1세 (St. Leo I)	440-461
46 성 힐라리우스 (St. Hilarius)	461-468
47 성 심플리치우스 (St. Simplicius)	468-483
48 성 펠릭스 3세(2세) (St. Felix III[II])	483-492
49 겔라시우스 1세 (St. Gelasius I)	492-496
50 아나스타시우스 2세 (Anastasius II)	496-498
51 성 심마쿠스 (St. Symmachus)	498-514
52 성 호르미스다스 (St. Hormisdas)	514-523
53 성 요한 1세 (St. Joannes I)	523-526
54 성 펠릭스 4세(3세) (St. Felix IV[III])	526-530
55 보니파티우스 2세 (Bonifatius II)	530-532
56 요한 2세 (Joannes II)	533-535
57 성 아가피투스 1세 (St. Agapitus I)	535-536
58 성 실베리우스 (St. Silverius)	536-537
59 비질리우스 (Vigilius)	537-555
60 펠라기우스 1세 (Pelagius I)	556-561
61 요한 3세 (Joannes III)	561-574
62 베네딕투스 1세 (Benedictus I)	575-579
63 펠라기우스 2세 (Pelagius II)	579-590

교 황 명 (원어명)	재위 기간
64 성 그레고리우스 1세 (St. Gregorius I)	590-604
65 사비니아누스 (Sabinianus)	604-606
66 보니파티우스 3세 (Bonifatius III)	607-607
67 성 보니파티우스 4세 (St. Bonifatius IV)	608-615
68 성 데우스데디트 (St. Deus-dedit) 또는 아데오다투스 1세 (Adeodatus I)	615-618
69 보니파티우스5세 (Bonifatius V)	619-625
70 호노리우스 1세 (Honorius I)	625-638
71 세베리누스 (Severinus)	640-640
72 요한 4세 (Joannes IV)	640-642
73 테오도루스 1세 (Theodorus I)	642-649
74 성 마르티누스 1세 (St. Martinus I)	649-655
75 성 에우게니우스 1세 (St. Eugenius I)	654-657
76 성 비탈리아누스 (St. Vitalianus)	657-672
77 아데오다투스 2세 (Adeodatus II)	672-676
78 도누스 (Donus)	676-678
79 성 아가토 (St. Agatho)	678-681
80 성 레오 2세 (St. Leo II)	682-683
81 성 베네딕투스 2세 (St. Benedictus II)	684-685
82 요한 5세 (Joannes V)	685-686
83 코논 (Conon)	686-687
84 성 세르기우스 1세 (St. Sergius I)	687-701
85 요한 6세 (Joannes VI)	701-705
86 요한 7세 (Joannes VII)	705-707
87 시신니우스 (Sisinnius)	708-708
88 콘스탄티누스 (Constantinus)	708-715
89 성 그레고리우스 2세 (St. Gregorius II)	715-731
90 성 그레고리우스 3세 (St. Gregorius III)	731-741
91 성 자카리아 (St. Zacharia)	741-752
92 스테파누스 2세(3세) (Stephanus II[III])	752-757
93 성 바오로 1세 (St. Paulus I)	757-767
94 스테파누스 3세(4세) (Stephanus III[IV])	768-772
95 하드리아누스 1세 (Hadrianus I)	772-795
96 성 레오 3세 (St. Leo III)	795-816
97 스테파누스 4세(5세) (Stephanus IV[V])	816-817
98 성 파스칼리스 1세 (St. Paschalis I)	817-824

교 황 명 (원어명)	재위 기간
99 에우게니우스 2세 (Eugenius II)	824-827
100 발렌티누스 (Valentinus)	827-827
101 그레고리우스 4세 (Gregorius IV)	827-844
102 세르기우스 2세 (Sergius II)	844-847
103 성 레오 4세 (St. Leo IV)	847-855
104 베네딕투스 3세 (Benedictus III)	855-858
105 성 니콜라우스 1세 (St. Nicolaus I)	858-867
106 하드리아누스 2세 (Hadrianus II)	867-872
107 요한 8세 (Joannes VIII)	872-882
108 마리누스 1세 (Marinus I)	882-884
109 성 하드리아누스 3세 (St. Hadrianus III)	884-885
110 스테파누스 5세(6세) (Stephanus V[VI])	885-891
111 포르모수스 (Formosus)	891-896
112 보니파티누스 6세 (Bonifatius VI)	896-896
113 스테파누스 6세(7세) (Stephanus VI[VII])	896-897
114 로마누스 (Romanus)	897-897
115 테오도루스 2세 (Theodorus II)	897-897
116 요한 9세 (Joannes IX)	898-900
117 베네딕투스 4세 (Benedictus IV)	900-903
118 레오 5세 (Leo V)	903-903
119 세르기우스 3세 (Sergius III)	904-911
120 아나스타시우스 3세 (Anastasius III)	911-913
121 란도 (Landus)	913-914
122 요한 10세 (Joannes X)	914-928
123 레오 6세 (Leo VI)	928-928
124 스테파누스 7세(8세) (Stephanus VII[VIII])	928-931
125 요한 11세 (Joannes XI)	931-935
126 레오 7세 (Leo VII)	936-939
127 스테파누스 8세(9세) (Stephanus VIII[IX])	939-942
128 마리누스 2세 (Marinus II)	942-946
129 아가피투스 2세 (Agapitus II)	946-955
130 요한 12세 (Joannes XII)	955-964
131 레오 8세 (Leo VIII)	963-965
132 베네딕투스 5세 (Benedictus V)	964-966
133 요한 13세 (Joannes XIII)	965-972

교황명 (원어명)	재위 기간
134 베네딕투스 6세 (Benedictus VI) (973-974)	973-974
135 베네딕투스 7세 (Benedictus VII) (974-983)	974-983
136 요한 14세 (Joannes XIV) (983-984)	983-984
137 요한 15세 (Joannes XV) (985-996)	985-996
138 그레고리우스5세 (Gregorius V) (996-999)	996-999
139 실베스테르 2세 (Sylvester II) (999-1003)	999-1003
140 요한 17세 (Joannes XVII) (1003-1003)	1003-1003
141 요한 18세 (Joannes XVIII) (1004-1009)	1004-1009
142 세르기우스 4세 (Sergius IV) (1009-1012)	1009-1012
143 베네딕투스 8세 (Benedictus VIII) (1012-1024)	1012-1024
144 요한 19세 (Joannes XIX) (1024-1032)	1024-1032
145 베네딕투스 9세 (Benedictus IX) (1032-1044)	1032-1044
146 실베스테르 3세 (Sylvester III) (1045-1045)	1045-1045
147 베네딕투스 9세 (Benedictus IX) (1045-1045)	1045-1045
148 그레고리우스 6세 (Gregorius VI) (1045-1046)	1045-1046
149 클레멘스 2세 (Clemens II) (1046-10479)	1046-1047
150 베네딕투스 9세 (Benedictus IX) (1047-1048)	1047-1048
151 다마수스 2세 (Damasus II) (1048-1048)	1048-1048
152 성 레오 9세 (St. Leo IX) (1049-1054)	1049-1054
153 빅토리우스 2세 (Victorius II) (1055-1057)	1055-1057
154 스테파누스 9세 (10세)(StephanusIX[X]) (1057-1058)	1057-1058
155 니콜라우스 2세 (Nicolaus II) (1059-1061)	1059-1061
156 알렉산데르 2세 (Alexander II) (1061-1073)	1061-1073
157 성 그레고리우스 7세 (St. Gregorius VII) (1073-1085)	1073-1085
158 빅토리우스 3세 (B. Victorius III) (1086-1087)	1086-1087
159 우르바누스2세 (B. Urbanus II) (1088-1099)	1088-1099
160 파스칼리스 2세 (Paschalis II) (1099-1118)	1099-1118
161 겔라시우스 2세 (Gelasius II) (1118-1119)	1118-1119
162 칼리스투스 2세 (Callistus II) (1119-1124)	1119-1124
163 호노리우스 2세 (Honorius II) (1124-1130)	1124-1130
164 인노켄티우스 2세 (Innocentius II) (1130-1143)	1130-1143
165 켈레스티누스 2세 (Celestinus II) (1143-1144)	1143-1144
166 루키누스 2세 (Lucius II) (1144-1145)	1144-1145
167 에우제니우스 3세 (B. Eugenius III) (1145-1153)	1145-1153
168 아나스타시우스 4세 (Anastasius IV) (1153-1154)	1153-1154

교 황 명 (원어명)	재위 기간
169 하드리아누스 4세 (Hadrianus IV)	1154-1159
170 알렉산데르 3세 (Alexander III)	1159-1181
171 루키우스 3세 (Lucius III)	1181-1185
172 우르바누스 3세 (Urbanus III)	1185-1187
173 그레고리우스 8세 (Gregorius VIII)	1187-1187
174 클레멘스 3세 (ClemensIII)	1187-1191
175 켈레스티누스 3세 (Celestinus III)	1191-1198
176 인노켄티우스 3세 (Innocentius III)	1198-1216
177 호노리우스 3세 (Honorius III)	1216-1227
178 그레고리우스 9세 (Gregorius IX)	1227-1241
179 켈레스티누스 4세 (Celestinus IV)	1241-1241
180 인노켄티우스 4세 (Innocentius IV)	1243-1254
181 알렉산데르 4세 (Alexander IV)	1254-1261
182 우르바누스 4세 (Urbanus IV)	1261-1264
183 클레멘스 4세 (Clemens IV)	1265-1268
184 그레고리우스 10세 (B. Gregorius X)	1271-1276
185 인노켄티우스 5세 (B. Innocentius V)	1276-1276
186 하드리아누스 5세 (Hadrianus V)	1276-1276
187 요한 21세 (Joannes XXI)	1276-1277
188 니콜라우스 3세 (Nicolaus III)	1277-1280
189 마르티누스 4세 (Martinus IV)	1281-1285
190 호노리우스 4세 (Honorius IV)	1285-1287
191 니콜라우스 4세 (Nicolaus IV)	1288-1292
192 성 켈레스티누스 5세 (St. Celestinus V)	1294-1294
193 보니파티우스 8세 (Bonifatius VIII)	1294-1303
194 베네딕투스 11세 (B. Benedictus XI)	1303-1304
195 클레멘스5세 (Clemens V)	1305-1314
196 요한 22세 (Joannes XXII)	1316-1334
197 베네딕투스 12세 (Benedictus XII)	1334-1342
198 클레멘스 6세 (Clemens VI)	1342-1352
199 인노켄티우스 6세 (Innocentius VI)	1352-1362
200 우르바누스 5세 (B. Urbanus V)	1362-1370
201 그레고리우스 11세 (Gregorius XI)	1370-1378
202 우르바누스 6세 (Urbanus VI)	1378-1389
203 보니파티우스 9세 (Bonifatius IX)	1389-1404

교 황 명 (원어명)	재위 기간
204 인노켄티우스 7세 (Innocentius VII)	1404-1406
205 그레고리우스 12세 (Gregorius XII)	1406-1415
206 마르티누스 5세 (Martinus V)	1417-1431
207 에우제니우스 4세 (Eugenius IV)	1431-1447
208 니콜라우스 5세 (Nicolaus V)	1447-1455
209 칼리스투스 3세 (Callistus III)	1455-1458
210 피우스 2세 (Pius II)	1458-1464
211 바오로 2세 (Paulus II)	1464-1471
212 식스투스 4세 (Sixtus IV)	1471-1484
213 인노켄티우스 8세 (Innocentius VIII)	1484-1492
214 알렉산데르 6세 (Alexander VI)	1492-1503
215 피우스 3세 (Pius III)	1503-1503
216 율리우스2세 (Julius II)	1503-1513
217 레오 10세 (Leo X)	1513-1521
218 하드리아누스 6세 (Hadrianus VI)	1522-1523
219 클레멘스 7세 (Clemens VII)	1523-1534
220 바오로 3세 (Paulus III)	1534-1549
221 율리우스 3세 (Julius III)	1550-1555
222 마르켈루스 2세 (Marcellus II)	1555-1555
)223 바오로 4세 (Paulus IV)	1555-1559
224 피우스 4세 (Pius IV)	1559-1565
225 성 피우스 5세 (St. Pius V)	1566-1572
226 그레고리우스 13세 (Gregorius XIII)	1572-1585
227 식스투스 5세 (Sixtus V)	1585-1590
228 우르바누스 7세 (Urbanus VII)	1590-1590
229 그레고리우스 14세 (Gregorius XIV)	1590-1591
230 인노켄티우스 9세 (Innocentius IX)	1591-1591
231 클레멘스 8세 (Clemens VIII)	1592-1605
232 레오 11세 (Leo XI)	1605-1605
233 바오로5세 (Paulus V)	1605-1621
234 그레고리우스 15세 (Gregorius XV)	1621-1623
235 우르바누스 8세 (Urbanus VIII)	1623-1644
236 인노켄티우스 10세 (Innocentius X)	1644-1655
237 알렉산데르 7세 (Alexander VII)	1655-1667
238 클레멘스 9세 (Clemens IX)	1667-1669

교 황 명 (원어명)	재위 기간
239 클레멘스 10세 (Clemens X)	1670-1676
240 인노켄티우스 11세 (B. Innocentius XI)	1676-1689
241 알렉산데르 8세 (Alexander VIII)	1689-1691
242 인노켄티우스 12세 (Innocentius XII)	1691-1700
243 클레멘스 11세 (Clemens XI)	1700-1721
244 인노켄티우스 13세 (Innocentius XIII)	1721-1724
245 베네딕투스13세 (Benedictus XIII)	1724-1730
246 클레멘스 12세 (Clemens XII)	1730-1740
247 베네딕토 14세 (Benedictus XIV)	1740-1758
248 클레멘스 13세 (Clemens XIII)	1758-1769
249 클레멘스 14세 (Clemens XIV)	1769-1774
250 피우스 6세 (Pius VI)	1775-1799
251 피우스 7세 (Pius VII)	1800-1823
252 레오 12세 (Leo XII)	1823-1829
253 피우스 8세 (Pius VIII)	1829-1830
254 그레고리우스 16세 (Gregorius XVI)	1831-1846
255 피우스 9세 (Pius IX)	1846-1878
256 레오 13세 (Leo XIII)	1878-1903
257 성 피우스 10세 (St. Pius X)	1903-1914
258 베네딕토 15세 (Benedictus XV)	1914-1922
259 피우스 11세 (Pius XI)	1922-1939
260 피우스 12세 (Pius XII)	1939-1958
261 요한 23세 (Joannes XXIII)	1958-1963
262 바오로 6세 (Paulus VI)	1963-1978
263 요한 바오로 1세 (Joannes Paulus I)	1978-1978
264 요한 바오로 2세 (Joannes Paulus II)	1978-

부록
유럽 왕조 연표

영국

색슨 왕조 (827-1016)
데인 왕조 (1017-1066)
노르만 왕조 (1066-1154)
플랜태저넷 왕조(1154-1399)
랭커스터 왕조 (1399-1461)
요크 왕조 (1461-1485)
튜더 왕조 (1485-1603)
스튜어트 왕조 (1603-1714)
하노버 왕조 (1714-1901)
작센 코부르크 고타 왕조
(1901-현재, 1917년 이후
윈저 왕조로 개칭)

프랑스

카롤링거 왕조 (751-987)
카페 왕조 (987-1328)
발루아 왕조 (1328-1589)
부르봉 왕조 (1589-1848)

스페인

카스티야 아라곤 왕조 (1479-1516)
합스부르크 왕조(1516-1700)
부르봉 왕조 (1700-1808)
보나파르트 왕조(1808-1813)
부르봉 왕조 (1814-1931)

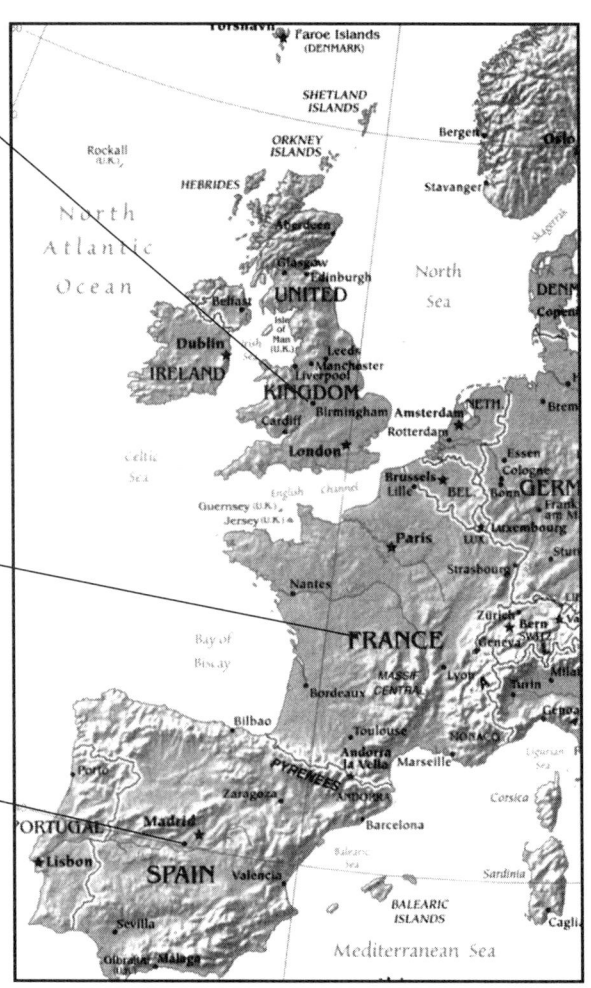

러시아

키예프 공국
류리크 가문 (862-1154)
블라디미르 수즈달 공국
류리크 가문 (1120-1547)
러시아 제국
류리크 왕조 (1547-1613)
로마노프 왕조 (1613-1917)

독일

카롤링거 왕조 (800-918)
작센 왕조 (919-1024)
잘리에르 왕조 (1024-1137)
호엔슈타우펜 왕조 (1138-1273)
왕위 선출 시대 (1273-1437)
합스부르크 왕조 (1438-1745)
합스부르크 로트링겐 왕조 (1740-1806)
프로이센 왕국
호엔촐레른 왕조 (1701-1871)
독일 제2제국
호엔촐레른 왕조 (1871-1918)

이탈리아

사르데냐 왕국
사보이 왕조 (1675-1861)
이탈리아 왕국
사보이 왕조 (1861-1946)

지은이 _ 하마모토 다카시(浜本隆志)는 1944년 가가와(香川) 현 출생으로, 1972년 간사이(關西) 대학 대학원 문학연구과 석사 과정을 수료했다. 현재 간사이 대학 교수로 재직 중이며, 독일 문화론을 전공하고 있다. 저서로 〈독일 자코뱅파〉, 〈열쇠 구멍으로 본 유럽〉 등이 있다.

옮긴이 _ 박재현은 상명여자대학교 일어일문학과 졸업 후, 일본 외국어전문학교 통·번역학과를 졸업했다. 현재, 출판기획자 및 번역가로 활동 중이다.